港口行业产业工人素质提升教材

港口工匠创新联盟共享创新成果应用案例选编

中国海员建设工会全国委员会　组织编写

人民交通出版社股份有限公司
北　京

内 容 提 要

港口工匠创新联盟成立于2019年，是由中国海员建设工会发起成立的国内港口圈首个跨区域、跨领域的创新联盟。自成立以来，联盟坚持“创新引领、开放包容、共享共创、互利共赢”的工作方针，不断地促进港口行业技术创新、作业流程优化、组织结构完善，在行业内形成了一批科技创新项目，转化了一批科技创新成果，于2020年被全国推进产业工人队伍建设改革协调小组确定为产业工人队伍建设改革全国项目试点。

为深入学习贯彻习近平新时代中国特色社会主义思想，全面贯彻落实党的二十大精神，推动群众性创新活动广泛、深入、持久开展，2023年，港口工匠创新联盟面向成员单位开展了职工创新成果征集活动。各成员单位积极响应，推荐优秀案例近百篇。综合考量成果的创新性、可行性和推广性，编委会研究梳理27项优秀职工创新成果编辑成册，供各成员单位学习借鉴，以“他山之石”，共促成果创新、共谋合作大计、共创发展新篇，为建设世界一流强港、建设交通强国贡献力量。

图书在版编目(CIP)数据

港口工匠创新联盟共享创新成果应用案例选编 / 中国海员建设工会全国委员会组织编写. — 北京 : 人民交通出版社股份有限公司, 2023.12

ISBN 978-7-114-19339-2

Ⅰ.①港… Ⅱ.①中… Ⅲ.①港口工程—技术革新—成果—河北—教材 Ⅳ.①U65

中国国家版本馆CIP数据核字(2023)第255418号

港口行业产业工人素质提升教材

Gangkou Gongjiang Chuangxin Lianmeng Gongxiang Chuangxin Chengguo Yingyong Anli Xuanbian

书　　名：**港口工匠创新联盟共享创新成果应用案例选编**
著 作 者：中国海员建设工会全国委员会
责任编辑：岑　瑜　冀爱芳
责任校对：赵媛媛
责任印制：刘高彤
出版发行：人民交通出版社股份有限公司
地　　址：(100011)北京市朝阳区安定门外外馆斜街3号
网　　址：http://www.ccpcl.com.cn
销售电话：(010)59757973
总 经 销：人民交通出版社股份有限公司发行部
经　　销：各地新华书店
印　　刷：北京市密东印刷有限公司
开　　本：787×1092　1/16
印　　张：10.5
字　　数：252千
版　　次：2023年12月　第1版
印　　次：2023年12月　第1次印刷
书　　号：ISBN 978-7-114-19339-2
定　　价：150.00元

本书编委会成员

（按姓氏笔画排序）

序言

习近平总书记指出,“抓创新就是抓发展,谋创新就是谋未来。”创新是一个民族进步的灵魂,是一个国家兴旺发达的不竭动力,也是我国众多港口竞相迈入世界港口前列的旺盛底气。怀揣着习近平总书记“加快建设世界一流的海洋港口”殷殷嘱托,肩负着全面建设社会主义现代化国家的历史重任,港口行业始终把理念创新、管理创新、科技创新摆在最前沿,让创新成为引领港口高质量发展的最强引擎,助力“交通强国”建设迈出坚实步伐。

在中国海员建设工会的积极倡导下,港口工匠创新联盟于2019年11月应运而生,是中国港口圈首个跨区域、跨企业的创新联盟。一直以来,联盟立足打造“港口圈互利共赢标杆典范”的总体定位,坚持“创新引领、开放包容、共享共创、互利共赢”的工作方针,持续加大产业工人创新创效扶持力度,深化群众性创新活动,在行业内形成了一批科技创新项目、转化了一批科技创新成果、培养了一批科技创新人才、创建了一批特色工作品牌,逐步成为撬动港口技术大进步、助力港口发展大繁荣的重要支点杠杆。

创新链接未来,携手赋能发展。在深入推进港口行业产业工人队伍建设改革的关键时期,港口工匠创新联盟充分发挥集聚效应和平台优势,面向17家成员单位征得一批在本单位得到成功应用、科技含量高、经济效益佳、推广价值大,且愿意与兄弟单位免费共享的优秀职工创新成果。本书收录的27项成果,内容涵盖港口机械研制及操作精准化、码头作业自动化和智慧化、港口运营绿色化等多个领域,都是职工长期在一线工作的智慧结晶,供港口同行互学互鉴、互促互进,希望在交流互鉴中擦出创新的火花,进一步激发人人想创新会创新、懂技术成专家、争当港口大工匠的激情活力。

百舸争流齐奋进,千钧重担共担当。加快建设世界一流港口,需要新一代产业工人扛起责任、接续奋斗,形成高技能人才国际竞争的比较优势。希望每一名产业工人都心怀梦想、不负时代,深刻认识第四次工业革命为高技能人才成长成才带来的难得机遇,把个人的前途命运融入现代化港口建设、国家高质量发展和“一带一路”建设,解放思想,脚踏实地,走好技能成才、技能报国之路,在时代的洪流中勇立潮头、实现价值、展现风采,为推动港口行业高质量发展、服务交通强国和海洋强国建设贡献力量!

中华全国总工会原副主席(兼职)　许振超

2023年9月

前言

习近平总书记指出，技术工人队伍是支撑中国制造、中国创造的重要力量。我国工人阶级和广大劳动群众要大力弘扬劳模精神、劳动精神、工匠精神，适应当今世界科技革命和产业变革的需要，勤学苦练、深入钻研，勇于创新、敢为人先，不断提高技术技能水平，为推动高质量发展、实施制造强国战略、全面建设社会主义现代化国家贡献智慧和力量。

为深入学习贯彻习近平新时代中国特色社会主义思想，学习贯彻习近平总书记关于工人阶级和工会工作的重要论述，持续深化产业工人队伍建设改革，更好推动港口工匠创建联盟建设走深走实，促进实现创新成果共享，2023 年，中国海员建设工会全国委员会（以下简称“海员建设工会”）开展了《港口行业产业工人素质提升教材——港口工匠创新联盟共享创新成果应用案例选编》（以下简称“教材”）编写工作。海员建设工会牵头成立了编委会，编委会主任、副主任由海员建设工会领导、联盟理事长、副理事长担任，成员由联盟理事和技术专家委员会成员担任。该项工作启动以来，联盟各成员单位高度重视、积极响应，经成果推荐、专家评审等环节，从近百项推荐成果中最终确定收录 13 家单位、26 个劳模和工匠人才创新工作室的 27 项优秀创新成果。这些创新成果内容涵盖港口运营绿色化、生产作业智慧化、机械操作精准化等多个领域，共享成果兼具技术先进、应用价值高、创新创效显著等特点，充分展示了广大职工的聪明才智，彰显了工人阶级的创造伟力。

本教材的编写得到了港口行业众多技术专家、劳模工匠的鼎力支持。原中华全国总工会副主席（兼职）、山东港口青岛港青岛前湾集装箱码头有限责任公司固机高级经理许振超为编写工作提出多项指导性意见，并亲自为教材写序。人民交通出版社作为教材出版发行单位，对教材内容进行了严谨细致的审定，对教材的设计、编辑提供专业技术支撑。海员建设工会海员工作部和山东省港口集团有限公司工会具体承担了教材编写执行工作，为教材编写的进度和质量提供了有力工作支持。教材编写过程中引用了国内外相关文献，让教材兼具了理论深度和实践意义。在此，我们向关心支持港口职工提升成长和为教材编写及出版做出积极努力的社会各方表示诚挚谢意和崇高的敬意。

“港口工匠创新联盟”成立于 2019 年，2020 年被全国推进产业工人队伍建设改革协调小组确定为产业工人队伍建设改革全国项目试点。联盟成立以来，始终坚持“创新引领、开放包容、共享共创、互利共赢”的工作方针，不断促进港口行业技术创新、作业流程优化、组织结构完善，近年来在行业内形成了一批联合创新项目，推动一批成果签订共享意向。此次编写教材，是联盟深化落实产业工人队伍建设改革总体要求，推动促进创新成果共享的一个重要举措。希望广大港口职工能善用本书，从中汲取敢为人先的创新勇气和勤学苦练的奋进力量，通过苦干、实干和创新实现人生价值和梦想。希望本书能够为港口行业的创新发展注入活力，汇聚更多支持产业工人队伍建设改革的社会力量，充分激发港口产业工人的创造精神和奋进力量，为实施制造强国战略，推动建设现代化港口产业体系添砖加瓦。

由于水平有限，书中难免有不足和疏漏之处，敬请各位读者批评指正，不胜感激。

教材编写委员会

2023 年 10 月

目录

案例一：变频器综合试验台成果应用解析

所属单位：河北港口集团曹妃甸港集团股份有限公司矿石码头公司

创新团队：宋涛创新工作室

创新成果：变频器综合试验台(图1)

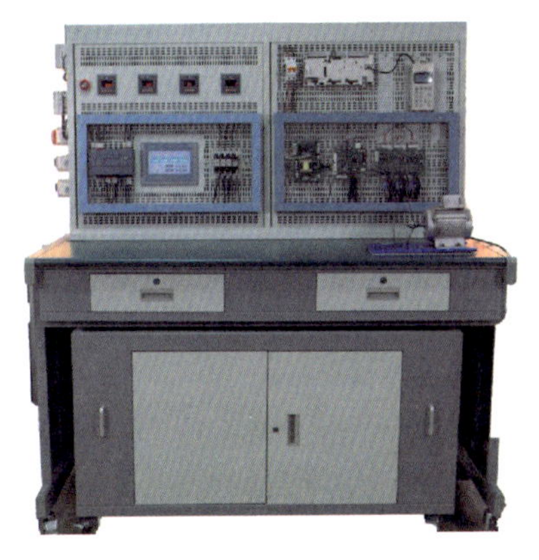

图 1

一、研究背景

变频器的作用主要是改变交流电机供电的频率和幅值，从而改变其运动磁场的周期、调整电机的功率、实现平滑控制电动机转速，以达到省电的目的。由于生产环境恶劣及使用年限增加，日常生产中变频器会出现各种各样的故障问题，由于生产现场变频器的资料有限，变频器内电路板很多，现场大部分维修人员也只是对绝缘栅双极型晶体管(IGBT)整流逆变单元进行简单的检查和测量，判断其是否被击穿等问题，在维护过程中不能准确地判断问题的主要原因和损坏电路板的位置，只能根据故障代码尝试性地更换新电路板，通过频繁地拆机、装机来判断所损坏的器件。这样的故障判断得不准确，故障点排查得不彻底，上电运行时可能会再次烧坏新更换的器件，甚至会有导致机器爆炸的危险，加重经济损失。

在库房中长期存放的变频器备件的电容元器件，经过长期静置放电，再次直接上机很容易出现爆炸事故，需要定期对电容进行充放电，以保证其各项性能。各变频器厂家均有各自专用的充放电设备，但功能单一，价格昂贵。

二、取得的成效

该成果项目建立了一个综合性变频器充放电试验平台，既满足全面排查各品牌、型号变频器内各器件工作性能的需求，也满足各类型变频器电容充放电的需求，并且形成了一个较为安全的维修环境。该成果项目获得国家发明专利授权。

三、成果研制

变频器综合试验设备由试验台柜体、调压升压系统、整流单元、可编程逻辑控制器（PLC）控制系统、触摸屏操作显示区、遥控控制系统、测试区7个部分组成。

（1）试验台柜体采用厚度1mm铁板制作而成，由上、下两部分组成。上部分为前后两个区域，前部用于安装触摸屏操作显示区、测试区和遥控控制系统，后部用于安装整流单元、保护单元等控制部件。下部区域主要安装调压升压系统，使得高压与低压分离，操作起来更加安全、便捷。

（2）调压升压系统。调压升压系统由步进电机、调压器、升压器、交流接触器、交流真空接触器、航空插座、步进电机驱动电源构成。

（3）整流单元主要由交流电流表、交流电压表、整流模块、电抗器、限流电阻、直流电流表、直流电压表、充电电容、分流器、保险构成。

（4）PLC控制系统由西门子1200PLC、模拟量输入模块、中间继电器、急停按钮、步进电机控制器组成。

（5）触摸屏操作显示区采用西门子新一代精智面板，通过博图软件编程链接PLC进行，进行系统控制操作。

（6）遥控控制系统采用射频遥控模块和一个遥控器，接入PLC对系统进行远距离操作。

（7）测试区是主要针对变频器各种单元模块进行单独测试的区域，提供直流电源和交流电源接口。

四、使用方式

1.调压模式

调压模式主要用于变频器检修，提供不同电压等级、频率交直流电源。

（1）通过触摸屏“工作方式选择”选取“调压模式”（图2）。

（2）通过触摸屏“电压选择框”选取需要的电压等级为“选择380V”“选择500V”“选择690V”（图3）。

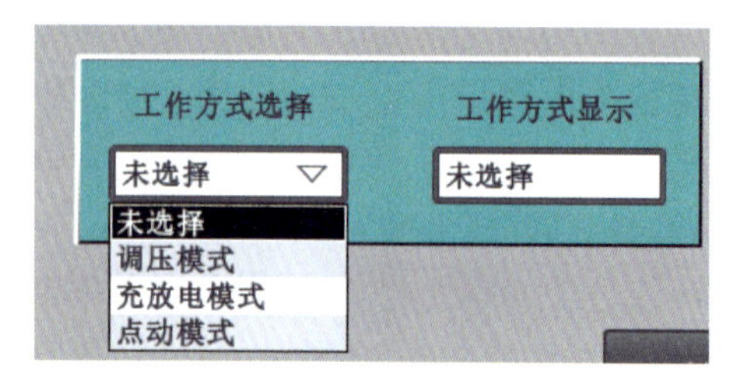

图 2

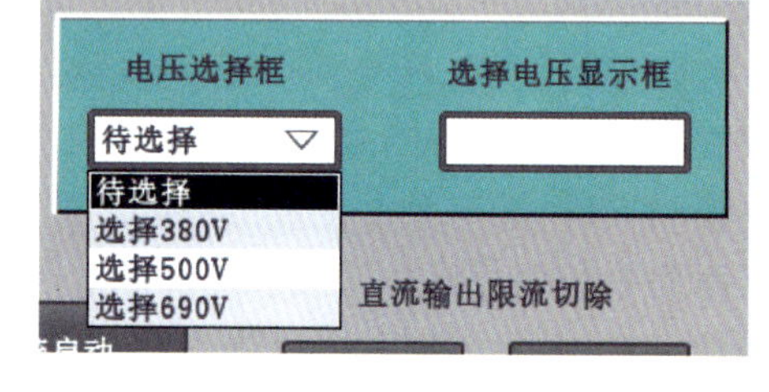

图 3

(3)按动“系统启动”按钮，开始工作(图4)。

(4)交流进线接触器KM2吸合。

(5)KM2吸合2s后根据所选电压等级开始调压。

(6)直流出线接触器KM1吸合在KM2吸合5s后进行。

(7)工作结束后一定要按动“系统停止”按钮(图5)，结束工作，KM1与KM2断开，然后再进行其他操作(如其他电压等级的调压或者进入其他工作模式)。

(8)调压过程中若交流电压(VAC)或者直流电压(VDC)超过相应电压等级故障设定值(380V等级设定420VAC/600VDC、500V等级设定550VAC/780VDC、690V等级设定760VAC/1080VDC)则KM1断开，不再向外输出直流。

(9)调压过程中可以通过按动遥控器“D”键把所有接触器跳掉的同时结束工作，此时触摸屏显示“遥控器跳闸”(图6)；恢复时必须先按动遥控器“C键”复位才能继续正常使用。

图 4　　图 5　　图 6

2. 充放电模式

充放电模式可用于自动执行变频器电容充放电工作。

(1)通过触摸屏“工作方式选择”选取“充放电模式”(图7)。

(2)通过触摸屏“电压选择框”选取需要的电压等级为“选择380V”“选择500V”“选择690V”(图8)。

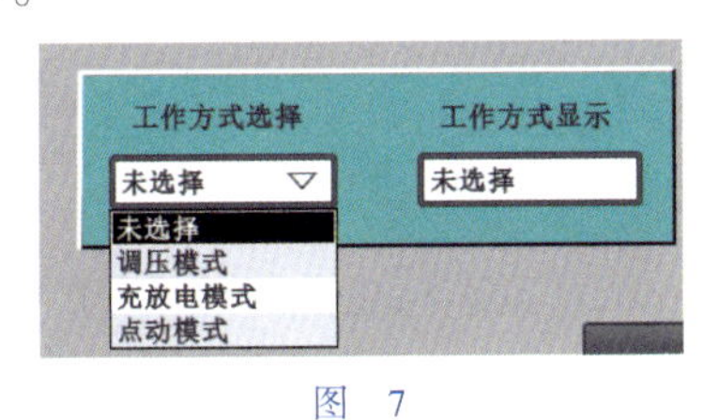

图 7

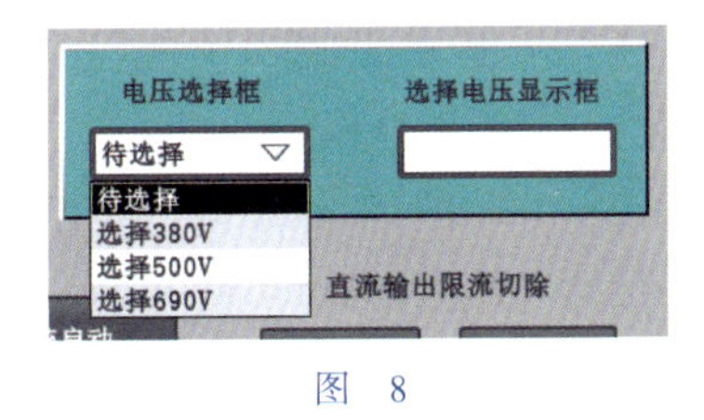

图 8

(3)按动“系统启动”按钮，开始工作(图9)。

(4)交流进线接触器KM2吸合。

(5)判断交流电压是否在初始设定值(100V)以下，低于设定值则KM1吸合，否则先将交流电压降到设定值以下再吸合KM1。

(6)KM1吸合后开始升压，直到达到所选电压等级。

(7)达到所选电压等级维持60s时间，然后下调电压。

(8)下调电压到初始设定值然后再次升压，直到达到所选电压等级。

(9)反复执行如上第(7)步与第(8)步设定循环数(6个循环)。

(10)充放电达到设定循环数后，在最后一个维持60s结束后KM1跳闸，触摸屏显示“充放电结束”(图10)。

图 9　　图 10

(11)工作结束后一定要按动“系统停止”按钮(图 11),结束工作,KM1 与 KM2 断开,然后再进行其他操作(如其他电压等级的充放电或者进入其他工作模式)。

(12)在充放电过程中,若交流电压或者直流电压超过相应电压等级故障设定值(380V 等级设定 420VAC/600VDC、500V 等级设定 550VAC/780VDC、690V 等级设定 760VAC/1080VDC),则 KM1 断开,不再向外输出直流。

(13)充放电过程中可以通过按动遥控器“D”键把所有接触器跳掉的同时结束工作,此时触摸屏显示“遥控器跳闸”(图 12);恢复时必须先按动遥控器“C 键”复位才能继续正常使用。

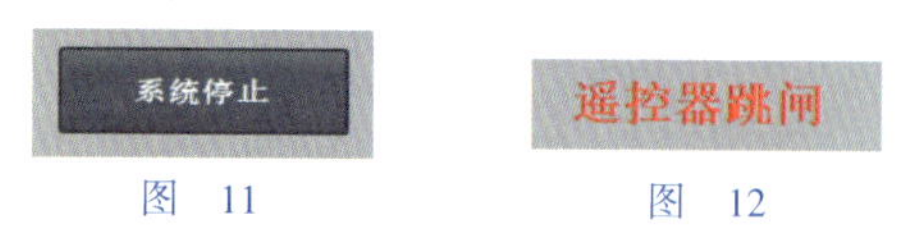

图 11　　图 12

3. 点动模式

点动模式用于自定义场合,根据用户需求选择电压等级和类型。

(1)通过触摸屏“工作方式选择”选取“点动模式”(图 13)。

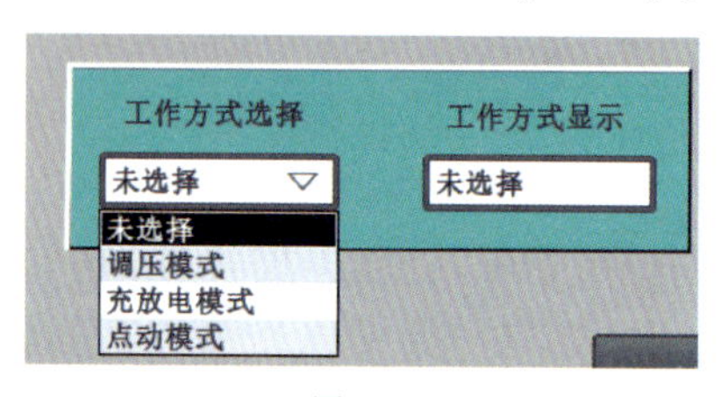

图 13

(2)交流进线接触器 KM2 吸合。

(3)KM2 吸合 5s 后 KM1 吸合。

(4)按动遥控器“A”键,电压上升。

(5)按动遥控器“B”键,电压下降。

(6)按动遥控器“D”键把所有接触器跳掉的同时结束工作,此时触摸屏显示“遥控器跳闸”(图 14)。恢复时必须先按动遥控器“C 键”复位才能继续正常使用。

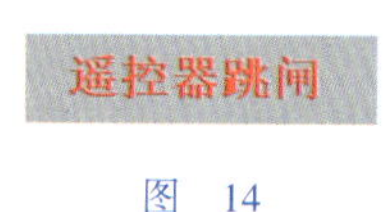

图 14

4. 交流限流电阻与直流限流电阻的切除

交流限流电阻与直流限流电阻的切除可根据需要通过触摸屏实现操作(图 15)。

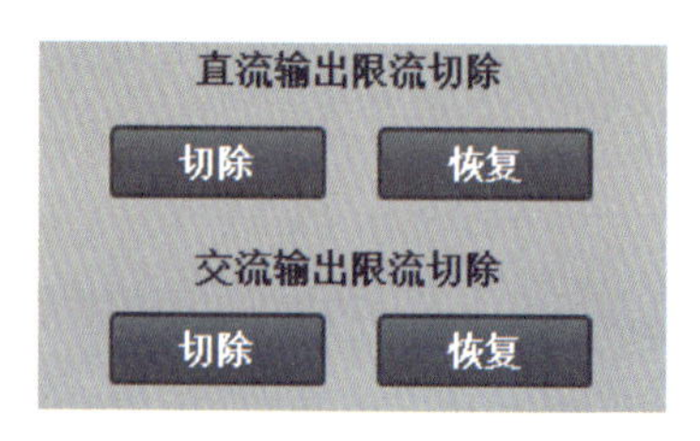

图 15

五、成果延伸

1. 改良空间

该成果设备不具备便携性，后续应研究设备减重及进行可移动设计。

2. 思路推广

该成果的发明思路还可拓展到更多品牌和型号的变频器检测与维修，以及根据实际需求和投入提供不同容量及功能的设备组合。

宋涛创新工作室简介

河北港口集团曹妃甸港矿石码头宋涛创新工作室成立于2014年1月，以建设“智慧港口、绿色港口”为目标，在河北省劳动模范宋涛同志的带领下，开展节能创新、技能传承工作（图16）。

图 16

工作室现有成员30人，其中高级工程师12人，高级技师2名，成员本科化100%。现已累计完成技术改造百余项，获得发明专利9项，实用新型专利30项，软件著作权11项，其成果获得省（区、市）技术类奖励12项，为公司节约生产成本超过亿元。其中，“新型卸船机教学模型”获得河北省职工技术创新展演奖金奖，“槽型托辊更换工具”获得河北省职工技术创新成果奖二等奖，“矿石散货安全接卸创新方法及关键技术”获得河北省技术发明三等奖，“智慧磅道疏港系统”获得全国交通企业管理现代化创新成果二等奖。此外，工作室已培养了“河北省劳动模范”“全国交通建设工匠”“全国交通技术能手”等行业精英。

工作室的成绩得到公司领导的高度认可和社会的广泛赞誉，于2020年12月工作室被中华全国总工会评定为“全国示范性劳模和工匠人才创新工作室”；2023年4月，工作室被交通运输部职业资格中心认定为“交通工匠试点创新工作室”。

案例二：通用自摘钩吊具创新成果应用解析

所属单位：河北港口集团曹妃甸港集团股份有限公司通用码头分公司

创新团队：李博创新工作室

创新成果：通用自摘钩吊具（图1）

图 1

一、研究背景

在吨包货物作业过程中，摘钩作业环节是人身伤害事故频发阶段。在摘钩作业时，人机配合是否流畅直接关系着司索工人身安全，利用技术手段化解人机配合难题是码头作业实现本质安全优先破解的关隘，无人化作业是技术发展的首要目标。吨包货物是曹妃甸港股份公司的重要货种，综合考量了作业中存在的危险有害因素，李博创新工作室依托公司平台努力打造吨包类货物作业无人化工艺工属具。

当前港口装卸机械设备发展的主要趋势是自动化、智能化、专业化、多用化、标准化。河北港口集团曹妃甸港股份公司通用码头分公司业务范围广泛，能够完成各类货物装卸船作业，工属具配置遵循"本质安全，一专多能"原则。结合吨包货物装船作业实际情况，设计研发自摘钩吊具。实现吨包货物摘钩作业无人化操作，逐渐推广自摘钩吊具适用范围。自摘钩依靠重力作用达到翻转脱钩目的，无须外部动力驱动，成本低、操作简单便捷。

二、取得的成效

该吊具适用性强，可以安装在叉车、钩机和起重机等多种移动设备上，也可以应用在吨包货物船舶舱内堵橛作业、集港码垛作业和疏港装车作业中。该吊具应用在以上作业场景中，节省了吨包作业中人工摘钩的作业环节，实现了人机分离、人货分离的本质安全目标，从源头上有效避免了登高码垛作业的安全风险。

使用该吊具后，摘钩作业无须作业人员参与，可减少作业人员数量 1 ~2 名，每年可以节约人工成本约 10 万元；综合作业效率提升约 20% ，手动摘钩集疏港作业速率约 100t/h、堵橄作业速率约 80t/h，使用自摘钩吊具后集疏港作业速率约 120t/h、堵橄作业速率约 100t/h。

三、成果研制

李博创新工作室根据现场实际操作过程中遇到的问题，结合吨包货物作业特点，经过现场调研、思路研讨、策划实施等步骤，确定了吊具设计方案，优先解决摘钩作业时作业人员容易遭受人身伤害的问题。根据吨包货物外包装特点、货物件重、设备起重能力进行设计，充分听取并采纳了现场作业人员的宝贵意见，设计制造旋转自摘钩，再根据作业设备类型组装旋转自摘钩吊具。

自摘钩的货钩采用增加配重设计方案，在承重状态下，货物重力作用在自摘钩上，使自摘钩保持直立状态，货物移动时不会从自摘钩上脱钩。在非承重状态时，配重块下压，自摘钩钩尖上翘，使自摘钩开口朝下，达到货物自行脱钩的目的。自摘钩吊具与起重设备中间采用旋转环连接方式，可使钩体在作业过程中通过旋转环自转消除货物对钩柄的扭力作用，防止吊具变形损坏。同时，旋转环设计方便设备操作人员调整货物码放角度，提高作业速率。

李博创新工作室将设计方案和技术要求对接常州市平冈机械有限公司，与其合作制造自摘钩。

方案设计图如图 2、图 3 所示。

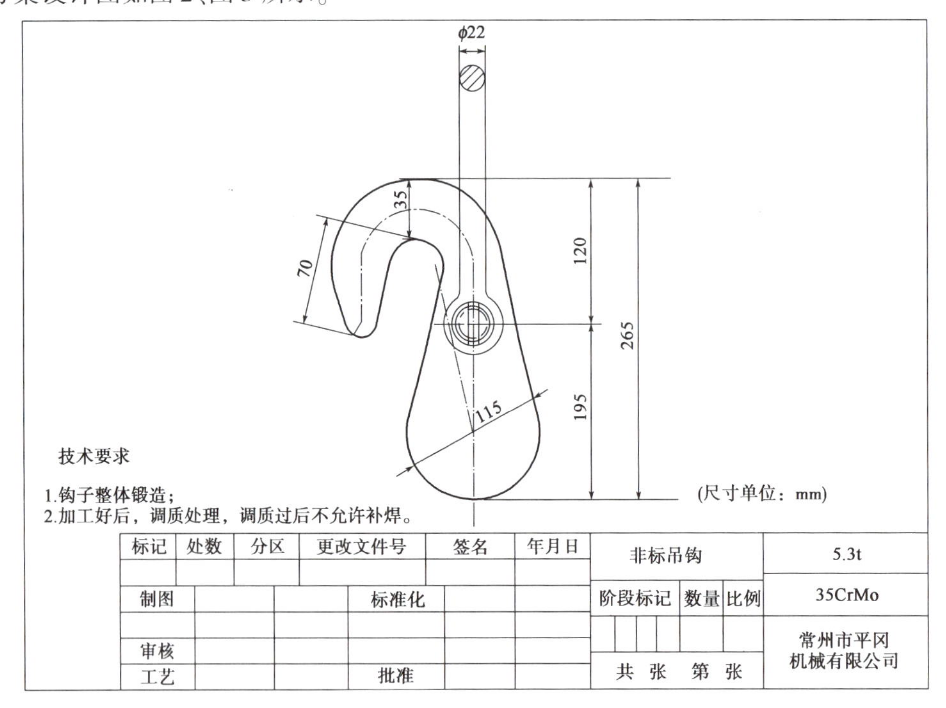

图 2

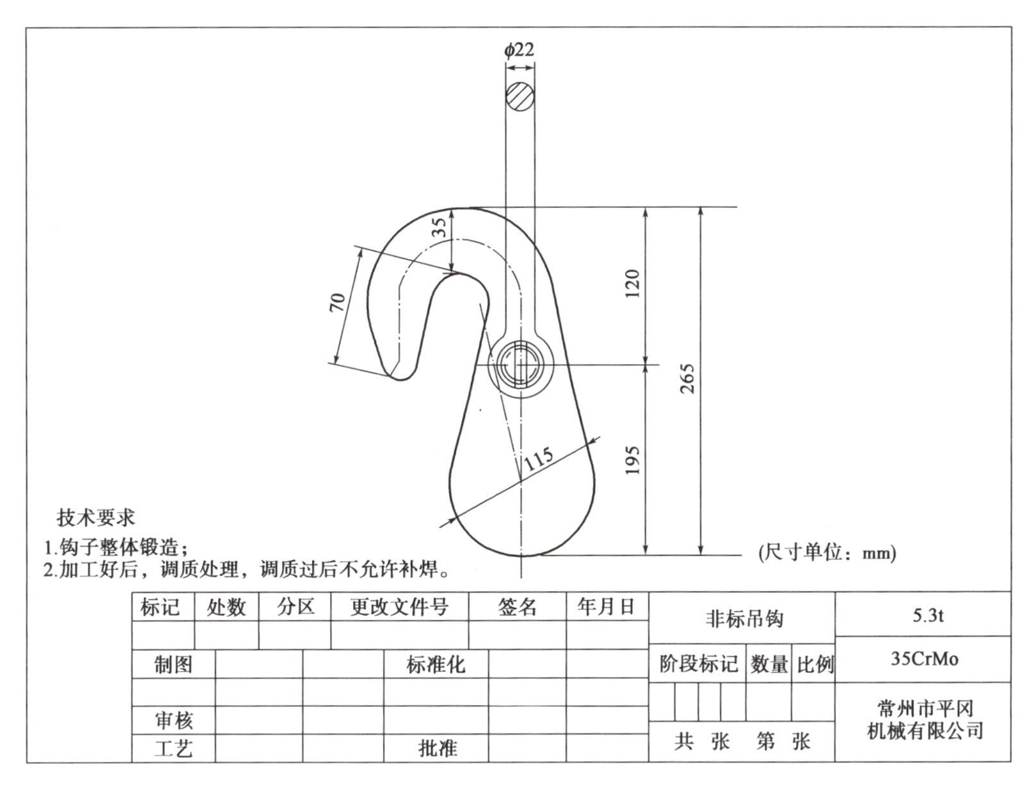

图 3

注意事项：旋转吊钩使用35CrMo钢材制作；额定载荷5.3t；自摘钩使用旋转环连接，使钩体在作业过程中通过旋转环自转消除货物对自摘钩的扭力作用，防止变形损坏。

四、使用方式

1. 与作业设备的连接

使用卡环与钩机插杆链接，安装在钩机上。叉车使用特制叉尺作业，使用卡环将自摘钩安装在叉尺上(图4)。

图 4

2. 作业前安全检查和功能测试

吊具安装后，起升吊具至1m处，检查吊具是否符合安全作业标准，各部分链接是否稳定、可靠，测试吊具自行翻转情况，翻转流畅无卡顿即可投入使用。

3. 钩机使用自摘钩吊具作业

钩机将自摘钩吊具放置在吨包货物正上方，司索工将一包货物钩挂在自摘钩上（图5、图6）。自摘钩在承重状态下保持直立状态，不会出现脱钩现象。钩机将吨包移动至指定位置，控制吊具向下移动一段距离，自摘钩在非承重状态下自行翻转与货物分离，然后移动吊具将其重新放置在吨包货物正上方，重复上述作业。

图 5

图 6

4. 叉车使用自摘钩吊具作业

叉车将自摘钩吊具放置在吨包货物正上方，司索工将两包货物钩挂在自摘钩上（图7）。自摘钩在承重状态下保持直立状态，不会出现脱钩现象。叉车将吨包移动至指定位置，控制吊具向下移动一段距离，自摘钩在非承重状态下自行翻转与货物分离，叉车向后移动将吊具重新放置在吨包货物正上方，重复上述作业。

图 7

注意事项：在进行挂钩作业时，应确认货物钩挂牢靠后方可起吊；货物到达指定位置下放吊具，禁止二次起升；自摘钩完成自摘动作后确认与货物无钩挂情况方可移动吊具。

五、成果延伸

1. 改良空间

空钩状态下自摘钩开口朝下，挂钩作业需作业人员人工完成，暂未实现无人化作业；对设备操作人员业务能力要求较高，须一次摆放到位，二次起升存在脱钩危险隐患。

2. 思路推广

利用自摘钩自动翻转原理，制造不同规格自摘钩，在其他种类货物作业时应用自摘钩。自摘钩吊具是全机械组合，可增加电控装置，以提升作业安全性和可控性；自摘钩吊具可增加自动挂钩功能，最终实现全流程无人化作业；组装适配吊具，拓展适配设备范围，应用在起重机、天车和门式起重机作业上。

李博创新工作室简介

河北港口集团曹妃甸港股份公司通用码头李博创新工作室(以下简称"工作室")于2016年3月成立,秉承"诚信、和谐、务实、创新"的企业理念,以建设公司"三个一"为指导方向,努力用一流的技术、一流的服务、一流的团队打造北方最大的钢材下水码头及重型装备集疏运基地(图8)。工作室紧紧围绕降低企业成本、推广技术革新、安全高效工作这一主线,高度重视技术投入和技改创新建设,鼓励员工积极创新;2018年12月被评为唐山市职工创新工作室;2020年6月被评为河北省劳模和工匠人才创新工作室。工作室带头人李博先后当选第十三届全国人大代表、第十四届河北省人大代表,荣获河北省"五一劳动奖章"、河北省劳动模范、全国向上向善好青年等称号。

图 8

工作室共有成员25名,覆盖公司生产各个岗位,其中党员15人,研究生以上学历3人,本科学历18人,专科学历4人;培育省劳模2名,公司劳模3名,省、市级技术状元2名,技术能手10名;高级技师8人、技师7人,平均年龄36岁,是一支朝气蓬勃、富有创新激情的年轻队伍。李博创新工作室累计开展技术创新课题攻关78项,共取得国家发明专利1项、实用新型17项,为企业创造效益逾千万元,在提高了专业技术人员技能水平的同时,还促进了公司健康蓬勃发展。

案例三:一种门座式起重机制动器接触器自动监测及保护系统成果应用解析

所属单位:辽宁港口集团大连港散杂货码头公司

创新团队:孙杰质效提升创新工作室

创新成果:一种门座式起重机制动器接触器自动监测及保护系统(图1)

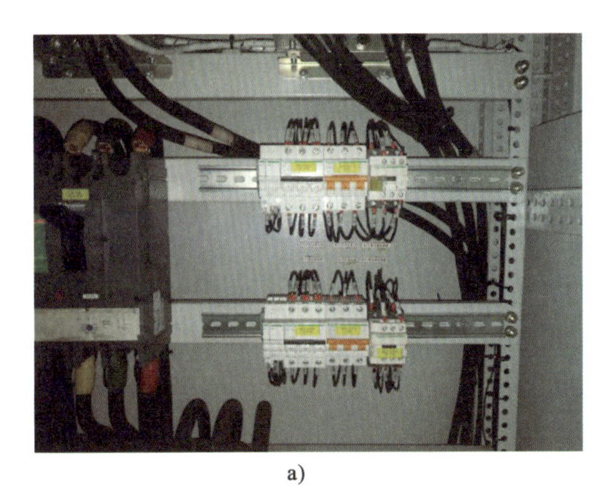

a)

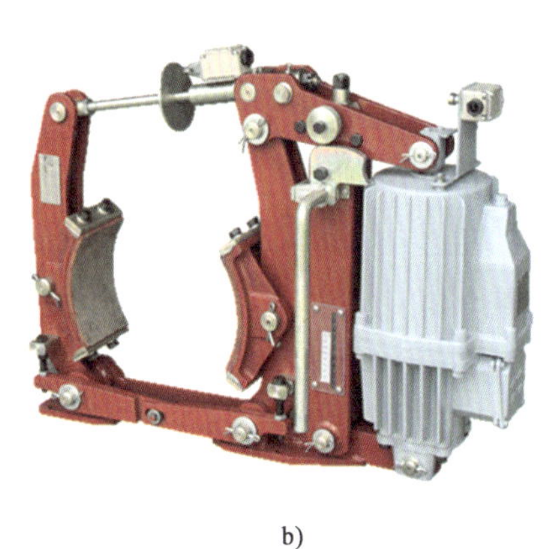

b)

图 1

一、研究背景

全国港口作业生产的大型装卸设备包括门座式起重机、桥式起重机、龙门式起重机等,其各运行机构的制动主要依靠电动液力制动器,如果制动器不能安全、可靠地工作,会造成重大安全事故。

设备各运行机构制动器仅由制动器接触器控制,一旦制动器接触器发生粘连,制动器接通电源后松开,设备即刻失控,货物会从高空自由滑落,导致货损、机损、人员受伤等众多严重安全问题发生。

经检查,辽宁集团大连港散杂货码头公司所有大型设备的制动系统都没有制动器接触器粘连后的安全保护措施。制动器接触器一旦粘连,只能靠设备操作人员按急停按钮,如果设备操作人员反应不及时就会导致设备失控,货物从高空自由滑落。

针对此严重安全问题，本工作室决定自主设计一种门座式起重机（以下简称门机）制动器接触器自动监测及保护系统。当门机某一机构制动器接触器粘连时，监测保护系统能自动断开此机构的制动器工作回路，使制动器立即失电关闭确保货物不自由下滑，同时向设备操作人员发出声光报警信号。未发生故障的机构，设备操作人员可以正常操作，设备操作人员根据实际情况立即进行合理制动操作使钩头停稳。

二、取得的成效

该系统的应用，多次在大型设备作业中起到自动保护的作用，防止了货物自由下落的重大事故发生。该系统对门机每个运行机构单独控制，避免断开总接触器造成的货物失控、摇摆、机械结构冲击大、变频器损坏等问题，同时为门机操作人员争取了应急操作的时间。该系统以带分励脱扣器的断路器为控制对象，排查故障直观、清晰，所有港口同类控制方式的大型设备均可以使用。该系统具备实时监测、自动保护功能，从本质上消除了安全隐患，助力安全高效生产，并荣获国家专利。

三、成果研制

本工作室经过现场调研、思路研讨、策划实施等步骤，确定改造方案的整体思路：在各机构制动器接触器上端加装制动器断路器，并在制动器断路器上加装分励脱扣模块、辅助触点模块，同时增加可编程逻辑控制器（PLC）控制程序段，以实现自动监测、自动保护。

1. 硬件

各运行机构加装制动器断路器、分励脱扣模块、辅助触点模块，布置控制线路（图 2）。

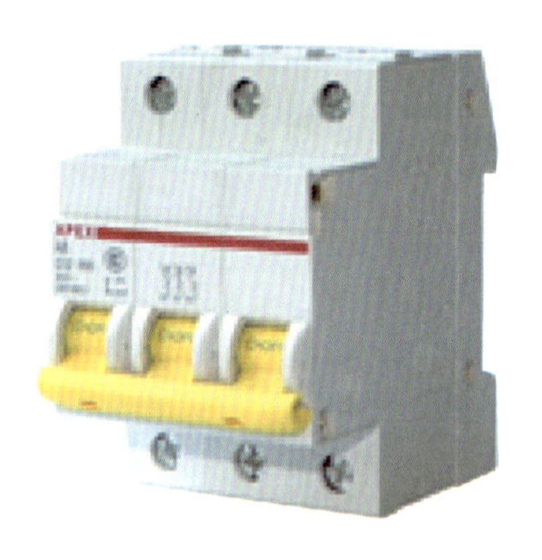

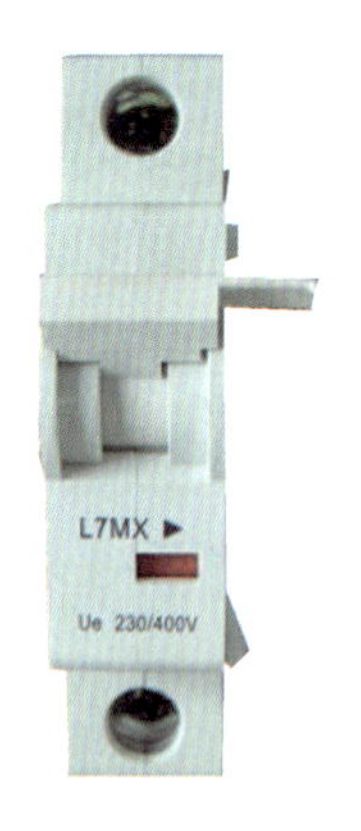

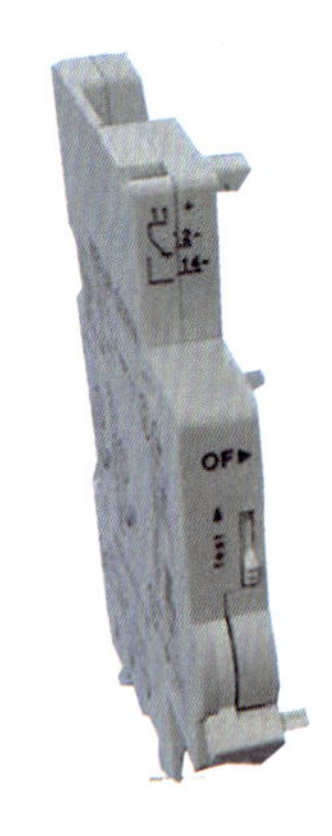

图 2

2. 软件

增加 PLC 控制程序段，包括起升 1 制动器断路器脱扣保护程序、起升 2 制动器断路器脱扣保护程序、变幅制动器断路器脱扣保护程序（图 3）。

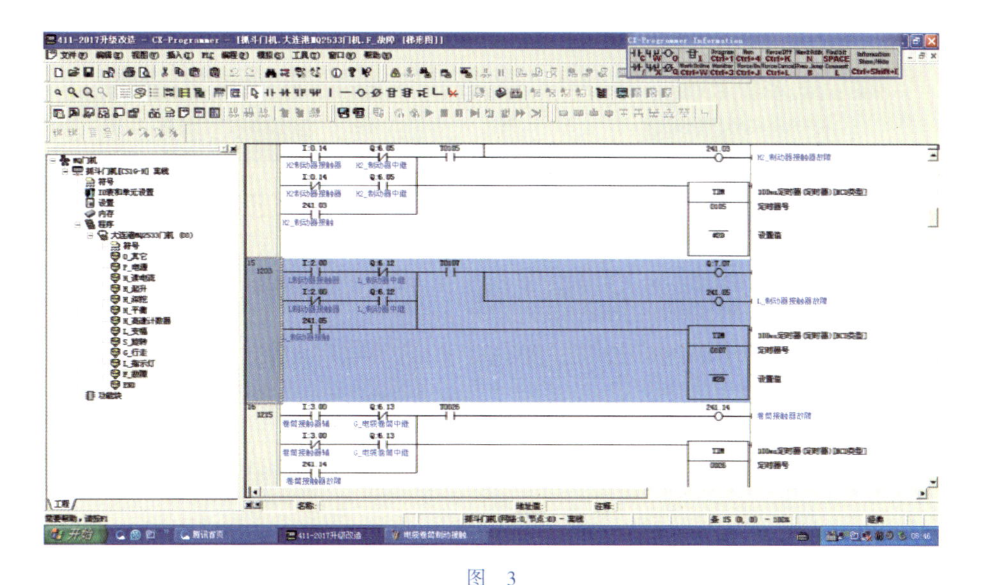

图 3

四、监测电气原理、编写保护逻辑程序及实施

1. 监测电气原理

对整个制动器电气控制系统进行重新设计，增加制动器断路器、分励脱扣模块、辅助触点模块，形成保护闭环（图 4）。

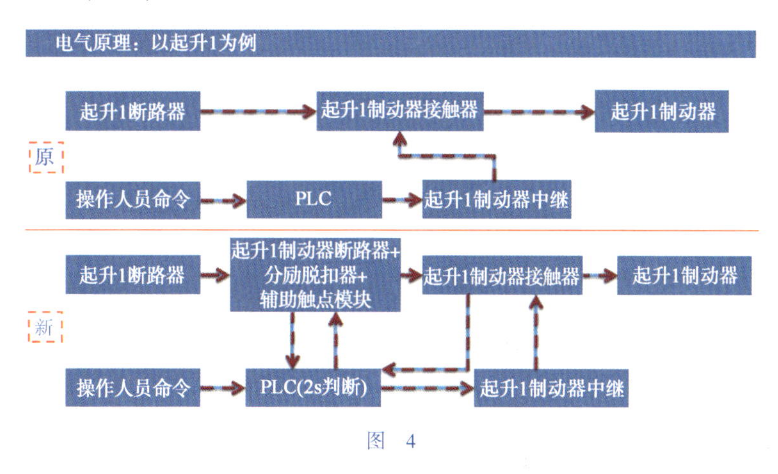

图 4

2. 编写保护逻辑程序

程序段 1：在功能程序段故障中增加控制程序段。控制程序段思路是当程序中起升 1 制动器中继命令为低电平时，监测实际中起升 1 制动器接触器辅助触点情况。若实际中起升 1 制动器接触器辅助触点断开，则程序无动作。若实际中起升 1 制动器接触器辅助触点闭合，则程序中激活时间继电器功能块，延时时间视实际情况可调，暂设定为 2s。若 2s 内起升 1 制动器接触器辅助触点一直闭合，则程序动作，程序中起升 1 制动器断路器分励脱扣模块线圈上电导致实际中起升 1 制动器断路器自动脱扣保护断开，同时实际中起升 2 制动器断路器自动脱

扣保护断开,起升 1 制动器断路器与起升 2 制动器断路器实现互锁(图 5)。

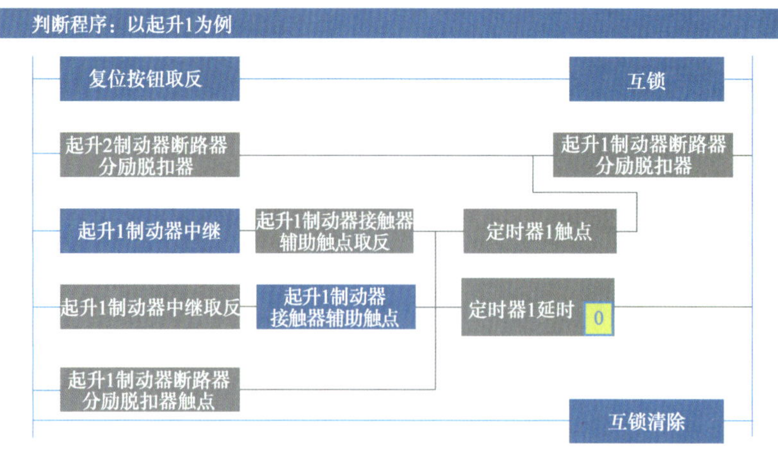

图 5

起升 2 制动器断路器分励脱扣模块控制按同样逻辑实现保护功能,并与起升 1 制动器断路器实现互锁。

程序段 2:在功能程序段故障中增加控制程序段。控制程序段思路是当程序中起升 1 制动器中继命令为高电平时,监测实际中起升 1 制动器接触器辅助触点情况。若实际中起升 1 制动器接触器辅助触点闭合,则程序无动作。若实际中起升 1 制动器接触器辅助触点断开,则程序中激活时间继电器功能块,延时时间视实际情况可调,暂设定为 2s。若 2s 内起升 1 制动器接触器辅助触点一直断开,则程序动作,程序中起升 1 制动器断路器分励脱扣模块线圈上电导致实际中起升 1 制动器断路器自动脱扣保护断开,同时实际中起升 2 制动器断路器自动脱扣保护断开,起升 1 制动器断路器与起升 2 制动器断路器实现互锁。

实际中起升 2 制动器断路器分励脱扣模块按同样控制逻辑实现保护功能,与起升 1 制动器断路器实现互锁。

图 6

程序段 3:在功能程序段故障中增加控制程序段。控制程序段思路是变幅制动器断路器实现同样的自动脱扣保护功能。

实现各运行机构制动器接触器必须按操作人员指令动作,监测到不按指令动作超出设置时间,保护功能即刻触发断电保护。

3. 实施

现场施工,安装制动器断路器、分励脱扣模块、辅助触点模块,布置控制线路(图 6)。

下载监测保护程序到 PLC。

五、成果延伸

该成果的思路可用于所有采用接触器控制制动器的大型装卸设备。

孙杰质效提升创新工作室简介

孙杰质效提升创新工作室（以下简称"工作室"）隶属于辽宁港口集团大连港散杂货码头公司，成立于2013年，2020年荣获辽宁省职工创新工作室。多年来，工作室紧密围绕生产实际强化设备创新管理，不断打造创新创效活动平台，实现了"技术研发、模拟实验、程序调试、培训学习、远程监控"五大功能。工作室拥有国家专利3项，技术创新成果30余项，解决安全隐患20余项，累计创效近800万元。工作室现有成员15人，高级工程师3人，高级技师6人，1人荣获全国青年岗位能手，1人荣获全国交通行业技术能手（图7）。

图 7

工作室拥有60m²室内研究场所及500m²室外教学场所，设计建立了各种大型设备PLC、变频器模拟实验平台，将基础理论和现场实际问题有效对接并进行有针对性的分析，提升了职工的操作技能水平和研发改造工作效率。工作室的远程监控系统可以动态显示设备故障情况，有效提升设备维修效率。

创新项目"一种门座式起重机制动器接触器自动监测及保护系统""龙门式起重机防爬夹轨器""一种通过Z形轨道接头拼接的铁轨"获国家专利。"提升六瓣抓斗抓取量课题"与"降低门座起重机电缆翻转破损故障课题"获辽宁省质量科技成果奖。除此之外，还有"电磁铁吊具随钩头旋转并防摇吊架研制""桥式起重机滑触线自动修复装置研制""门机电气室窗加装电磁屏蔽网改造"等多个项目在节能降耗、解决安全隐患、提升作业效率等方面做出重要突破。

码头上的雨雪风霜让工作室不断成长，每一名工作室成员都立志成为一名大港技术工匠，用实际行动诠释新时代的强港梦，为港口发展不断耕耘奉献。

案例四:特型轮式抓料机研发与装卸工艺再造创新成果应用解析

所属单位:辽宁港口集团控股(营口)有限公司第六分公司

创新团队:肖伟质效提升创新工作室

创新成果:特型轮式抓料机研发与装卸工艺再造(图1)

a)

b)

图 1

一、研究背景

辽港控股(营口)有限公司第六分公司是国内最大的钢材装卸码头公司,作业主要由场地作业和码头船边作业两部分构成。在场地作业方面,火车装卸作业和钢材库内装卸作业已基本实现了人机分离。露天堆场场地装卸作业,仍然采用相对传统的模式,通过大量装卸工人和流动式起重机实行人机配合作业。管材类、螺纹钢装卸车,需要装卸工人反复上下倒运车摘、挂钩、摘头,进行一车卸货需要装卸工人上下车30多次,作业效率低下,安全隐患大,易造成人身伤害事故。

辽港控股(营口)有限公司第六分公司围绕"打造本质安全国内一流的钢材作业示范港"的要求,加大力度推进钢材装卸人机分离力度,通过工艺改革和创新,解决钢材装卸的安全难题。

二、成果效益

(1)开发的轮式抓料机与专业化属具(真空吸盘和电磁吸盘)完美结合,实现了货物的自动化取放操作，从而实现了无人配合状态下的钢材装卸作业。这几项作业工艺属于国内首创，在世界港口范围内也处于领先位置。

(2)提高专业化水平。开发出了铸管、水泥管、钢管、螺纹钢和其他钢材的专用化设备，从而实现了作业专业化。

(3)提高了作业安全。经过该项目的应用，公司场地作业安全升级改造顺利完成。改造部分真正做到了不需要工人辅助作业，做到了人机分离、人货分离，提升了作业安全，消除了人为安全隐患，实现了本质安全的目标。

(4)减少人力成本。一台起重机作业需要3名工人辅助作业，抓料机作业无须工人辅助，工人四班作业，一台抓料机节约12人，4台抓料机可节约48人，工人按照每年6万元工资计算，4台装料机每年可以节约工人工资288万元；实现了“机械化换人，自动化减人”的目标。既解决了人力不足的问题，也节约了用人成本。

(5)提高了作业效率。作业效率得到了极大的提升，620抓料机采用真空吸盘进行管材和水泥管作业，效率是原来的2倍。720抓料机采用电磁吸盘进行螺纹钢作业，效率是原来的6倍。这极大地提高了机械和场地的利用率，节约了港口单位生产时间。作业成本由原来的4.4元/t降低到1.7元/t，年节约成本约884万元。

(6)该项目提高了我公司场地生产作业的机械化程度，为以后实现无人化、信息化、智能化提供良好基础，为实现“安全、智能、高效、绿色”港口目标提供了有力的支撑。

(7)该项目为我公司取得了5项实用新型专利。

三、成果研制

1.拟解决关键技术问题

(1)电磁吸盘、真空吸盘转换连接。

(2)电磁吸盘、真空吸盘适于作业的回转设计。

(3)抓料机应具有足够的稳定性和起重能力，适合作业成组货物单元。

2.技术创新点

研发新型工艺设备，改变堆场装卸工艺，实现人机分离，保证人身安全，提高作业效率。

3.主要研究内容

(1)360°吊具旋转连接头设计。

(2)电磁吸盘设计。

(3)真空吸盘设计。

(4)稳定作业幅度与起重量。

4.研究技术方案

(1)360°吊具旋转连接头(图2)。

在抓料机小臂头部应设计有360°回转双电动机驱动旋转头，旋转头可方便对电磁吊具、真空吸盘吊具进行连接、更换，实现吊具360°旋转功能。

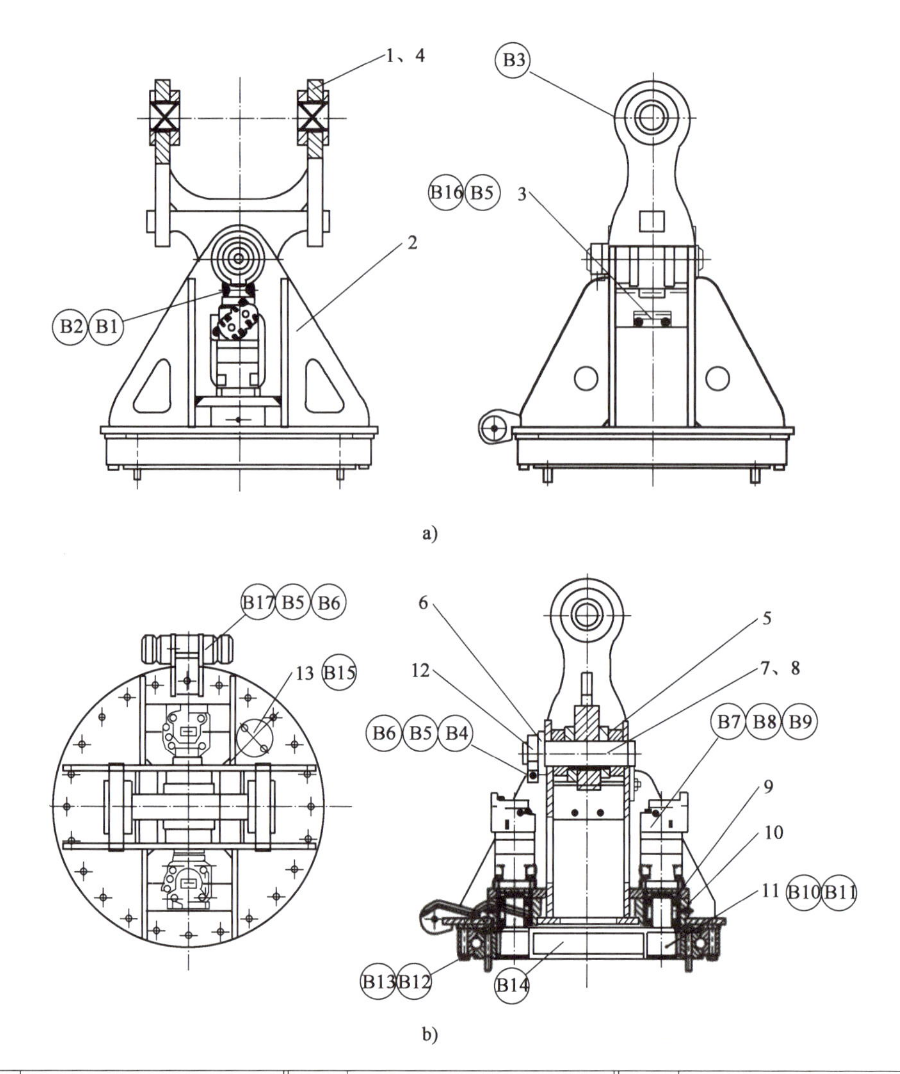

序号	部件名称	序号	部件名称	序号	部件名称
1	吊臂连接件	11	小齿轮轴	B8	螺钉 M14 ×40-10.9
2	支架	12	开口螺母 2	B9	电动机缓冲阀
3	管夹座	13	盖板	B10	深沟球轴承 6211-Z
4	铜套 1	B1	垫圈 10	B11	挡圈 55
5	铜套 2	B2	螺栓 M10 ×25	B12	垫圈 16
6	垫圈	B3	油杯 M10 ×1	B13	螺栓 M16 ×110-10.9
7	销轴	B4	螺栓 M12 ×60	B14	回转支承
8	挡块	B5	垫圈 12	B15	螺钉 M12 ×20
9	挡圈	B6	螺母 M12	B16	螺钉 M14 ×40-10.9
10	挡圈	B7	电动机	B17	电动机缓冲阀

图 2

(2)电磁吸盘(图3)。

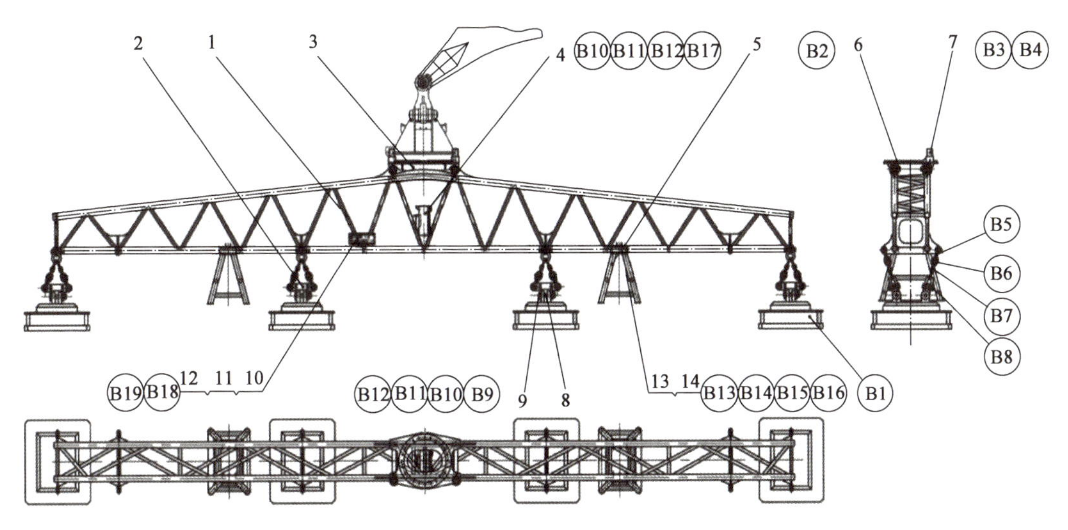

序号	部件名称	序号	部件名称
1	横梁	B4	销 4 × 40
2	拉板	B5	弓形卸扣
3	过渡座	B6	链条连接环
4	分线盒	B7	起重圆环链 414 × 2 节
5	支架	B8	卸扣
6	轴	B9	螺栓 M10 × 70
7	管	B10	垫圈 10
8	销轴	B11	垫圈 10
9	套管	B12	螺母 M10
10	底板	B13	螺栓 M12 × 120
11	标牌	B14	垫圈 12
12	挡板	B15	垫圈 12
13	压板	B16	螺母 M12
14	橡胶板	B17	螺栓 M10 × 20
B1	电磁铁	B18	螺钉 M6 × 70
B2	销 8 × 75	B19	螺母 M6
B3	销 B20 × 100		

图 3

(3)真空吸盘(图4)。

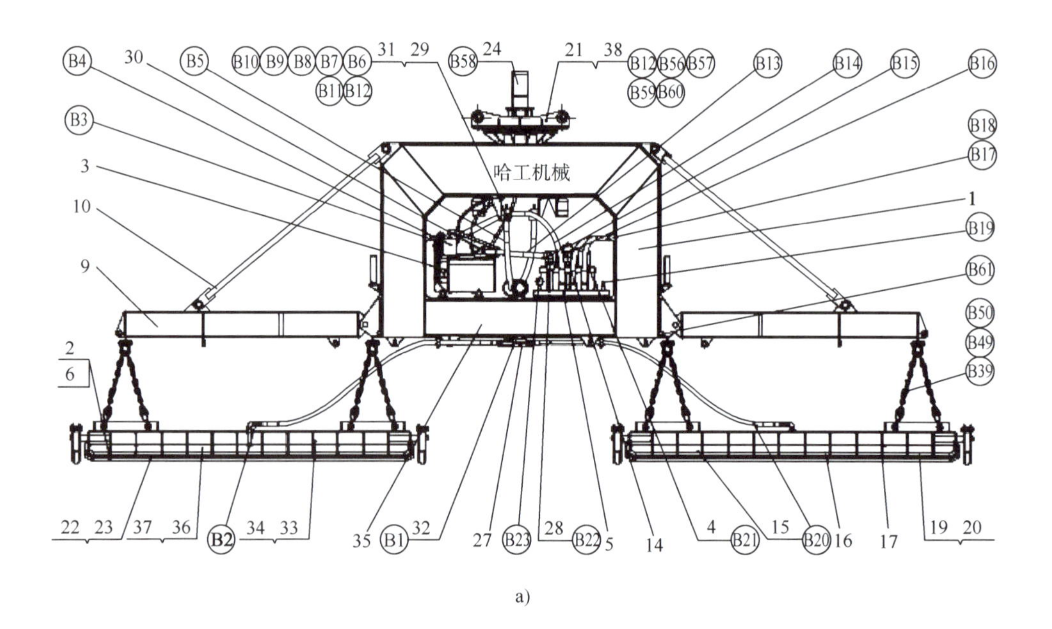

a)

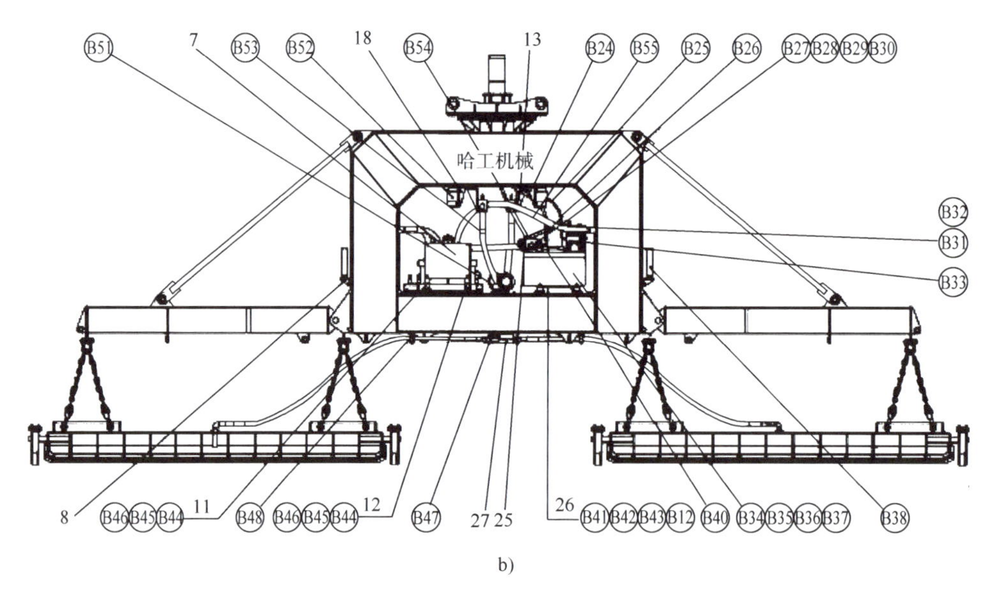

b)

图 4

序号	部件名称	序号	部件名称	序号	部件名称
1	真空箱	34	0 600 标识	B29	端直通接头
2	吸盘总成(0 600)	35	吊耳载荷	B30	端直通接头
3	真空泵连接件	36	0 400 标识	B31	端直通接头
4	电瓶固定架	37	0 1200 标识	B32	端直通接头
5	集成管	38	销	B33	液压马达
6	吸盘总成(0 500)	B1	压力开关	B34	真空泵
7	电气系统	B2	端直通接头	B35	11/2×11/4 接头
8	警示灯支架	B3	G11/4″螺栓	B36	螺栓 M8×20
9	横梁总成	B4	发电机	B37	弹簧垫圈 8
10	拉杆总成	B5	真空胶管	B38	多层警示灯
11	电气支架 1	B6	Gi″弯管-90°	B39	T8 级高强起重圆环链 014
12	电气支架 2	B7	真空阀	B40	液压胶管
13	真空阀支架	B8	螺栓 M6×100	B41	减震垫
14	接收器支架	B9	弹簧垫圈 6	B42	垫圈 10
15	工装	B10	螺母 M6	B43	螺母 M10
16	0 500 吸盘底座	B11	螺栓 M10×25	B44	螺栓 M12×30
17	0 600 吸盘底座	B12	弹簧垫圈 10	B45	垫圈 12
18	支架	B13	真空胶管	B46	弹簧垫圈 12
19	吸盘总成(0 400)	B14	真空胶管	B47	气动球阀 G1″
20	0 400 吸盘底座	B15	G11/4″弯管-90°	B48	重型管夹
21	下过渡座	B16	真空胶管	B49	链条连接环
22	吸盘总成(0 800～0 1200)	B17	真空胶管	B50	高强度弓形卸扣
23	0 800～0 1200 吸盘底座	B18	喉箍 027～051	B51	空气滤清器
24	中心回转接头	B19	压力传感器	B52	吸合指示灯(绿色)
25	流量阀支架	B20	胶管	B53	真空胶管
26	真空泵过渡板	B21	铅蓄电池	B54	液压胶管
27	集气阀体	B22	真空单向阀	B55	真空胶管
28	接头 1	B23	真空压力表	B56	大垫圈 10
29	管	B24	液压胶管	B57	螺栓 M10×16
30	销轴	B25	液压胶管	B58	螺钉 M14×30
31	套管	B26	液压胶管	B59	螺栓 M16×70-10.9
32	底板	B27	控制阀	B60	垫圈 16
33	标牌	B28	单向阀	B61	内六角堵头

图 4

(4)作业范围包络图与起重性能表。

作业范围包络见图5,起重性能表见图6。

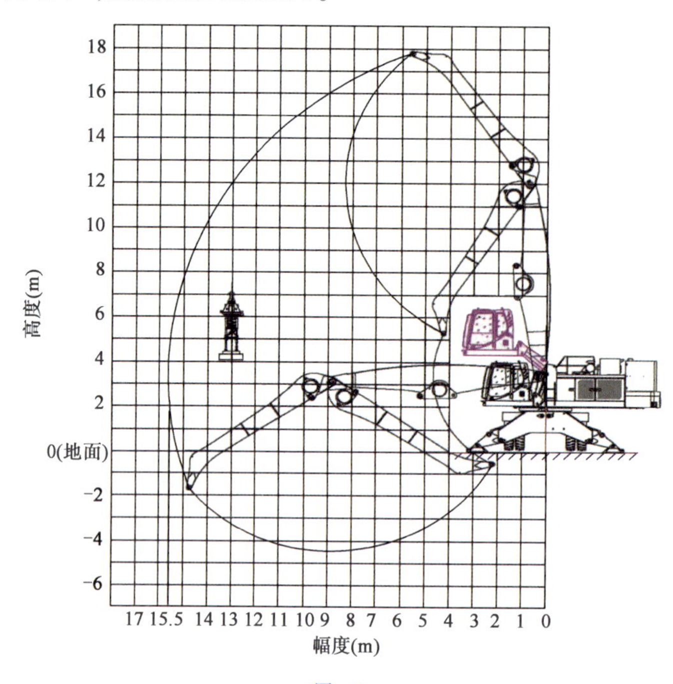

图 5

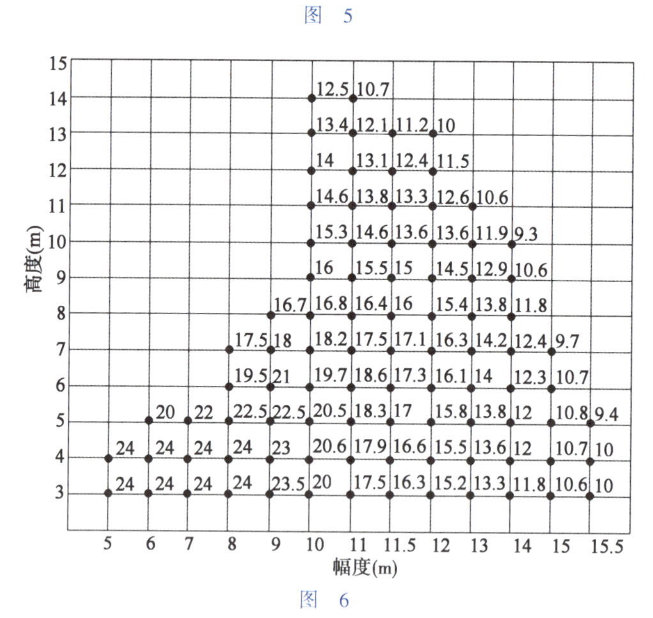

图 6

四、成果使用方式

1.携带电磁吸盘装卸螺纹钢

依靠电磁吸力吸取货物,作业过程无须工人参与,真正做到了人机分离、人货分离,从而保证了人员和装卸生产的安全。同时提高了作业效率，以前起重机卸车需要2.5h，现在控制在25min以内，作业效率比轮胎吊提高了6倍以上。携带电磁吸盘装卸螺纹钢如图7所示。

图 7

2. 携带真空吸盘装卸管材

真空吸盘（图8）直接吸取作业，无须工人参与，这项工艺属于国内首创。真空吸盘可进行铸管、钢管、水泥管桩等货种的作业。

图 8

3. 测试功能

在空载试验、额定荷载试验、动荷载试验和静荷载试验过程中，试验结束后，发动机、燃油箱、液压油箱、油泵、电动机、油缸、液压阀、管接头、油堵等连接部位，以不滴油为合格标准。设备在规定动作下完成工作循环，各项参数正常后，吊装9.6t钢管进行全回转、大臂、小臂复合动作。吊载5min“保磁”试验（图9）。以上动作需运转平稳、工作正常，能够对钢材进行正常吊装，“保磁”能够达到规定效果。

图 9

4. 携带电磁吸盘装卸钢板

携带电磁吸盘装卸钢板时(图 10),吸取成功,装卸正常,由于钢板长短不等,要注意上垛之前按规格区分,否则容易掉件。

图 10

五、成果延伸

1. 改良空间

经过实际装卸作业考核后,针对货类的适应性、保养便捷性、安全性及可靠性方面需求进行改进,增加电磁吸力,充分发挥抓料机起重性能。建议将与电磁铁规格由 1000mm × 800mm 更换为 1300mm × 800mm;同时,将原玉柴 50kW 发电机组更换为康明斯 60kW 发电机组,发动机功率储备系数更大。为了适应货类的多样性,除电磁吊具和真空吊具外,应研发其他专用吊具,并留出备用快捷接口,便于安装。提高转台铰点,在保证钢结构强度条件下,使起重能力更强。

2. 思路推广

该成果的发明思路还可用于型材、方钢等部件杂货的吊装作业。

肖伟质效提升创新工作室简介

辽港控股(营口)有限公司第六分公司于2020年6月5日成立了肖伟质效提升创新工作室(以下简称“工作室”)。工作室秉承招商局集团、辽宁港口集团“科技引领、质效提升”的工作理念，以“打造本质安全，国内一流钢材示范港”为目标，以“解决生产中的问题，降低生产中的成本，提高生产中的效率，优化管理的流程”为抓手，紧紧围绕公司的实际工作，开展工艺创新、工艺改进、小改小革及管理创新等工作，本着在解决生产中的各种难题过程中，培养人、教育人，逐步提高专业人员的创新能力，培养员工的工作能力。

工作室拥有成员25人，其中高级职称3人，中级职称11人，初级职称5人，包含了公司管理各个方面的专家、能手和人才。工作室成立以后，及时制订了职责、工作流程、考核奖励制度，结合公司装卸生产中的问题、难题的攻关、新货种的研讨、危险作业的解决方案、经营成本的控制，以及公司战略规划的项目研究，针对各个项目，工作室成员可以根据自己的专业和管理范围，组织起攻关小组进行攻关，工作室全员进行配合，经常是多个项目同时进行。目前，已经完成了19项重大装卸生产的攻关开发创新项目，包括叉车电磁吸盘装卸钢板工艺、码垛机线材装卸工艺、50t轮胎吊电磁吸盘工艺、特型轮式抓料机真空吸盘和电磁吸盘作业工艺、门机装船自动化项目等较大项目；申报通过5项实用新型专利，并荣获“市科协工作先进集体”“省级创新工作室”称号。

案例五:港机装备全生命周期管理平台成果应用解析

所属单位:南京港集团南京港机重工制造有限公司

创新团队:沙夕兰劳模创新工作室

创新成果:港机装备全生命周期管理平台

一、研究背景

2022年2月,交通运输部发布《水运“十四五”发展规划》提出:以过硬能力夯实基础,建设高能级港口枢纽等八项重点任务。加大对现有集装箱和散装干货码头装卸设施的远程自动控制和改造。着重指明“十四五”期间,我国要进一步增强港口基础设施保障能力,建设新一代自动化码头,应用云计算、大数据、区块链、人工智能、物联网等技术,整合港口、航运、贸易等数据,打造港口“智慧大脑”。创新港口生产经营模式,提高生产经营自动化、智能化、安全化、绿色化水平。推动BIM+GIS技术在港口规划、设计、施工、维护等阶段的应用,推进全生命周期数字化管理。

随着国内港口业务的不断发展,自动化、数字化、智慧化成为港口发展的新动能,国内港口已然进入了关键的数字化转型时期。伴随码头业务量的高速发展,传统的生产管理面临诸多挑战,诸如:信息化程度低,设备感知能力不足;单台装备各种子系统相互独立、数据分散,数据共享程度低;装备与装备之间信息孤岛现象严重,缺少统一的、实时性高的远程监管手段;数据标准、通信协议、网络构架尚未形成统一的标准;对装备数据分析能力不足(健康分析、寿命评估等);装备维护保养、备件管理等信息化水平有待提高;等等。

项目成果立足“新基建”背景下港口装备技术创新发展趋势,助力港口装备技术创新升级,紧跟现代港口装备发展趋势,加强科技创新,提升港口装备设计制造水平,为广大用户提供更优质的港口装备解决方案,建立港机装备全程可视化,管理标准化、信息化的港机装备全生命周期管理平台。

二、项目成果效益

项目成果可为港口企业提供完善的港机装备全生命周期实时监控管理平台,分区域、分业务，多维度地呈现港机装备的实时情况，同时能够对港机装备故障进行远程诊断，视频辅助判断故障，实现设备全生命周期维护，提高利用效率，为安全监管、设备更迭和管理升级提供可靠的数据支撑，助力提前规避风险，减少不必要的投入，降低港口装备的管理维护成本，最大限度地发挥港机装备的生产力，提高港机装备的附加值，增加市场竞争力。具体如下：

(1)解决了现有设备管理是由设备维护人员不定期到现场巡视，使设备监管存在时间盲点的问题。

(2)通过全生命周期的设备档案管理，及时对设备进行预警，解决了“事后维修”的问题，预计设备人为报警减少60%以上，非计划停机减少5%以上。

(3)以设备的业务流程为基础，考虑起重机行业属性，预计售后相应时间缩短30%。

(4)通过设备物联，实现个性化定制设备的远程调试，减少了人员的差旅费用，预计效率提高50%以上。

(5)设备维护人员数量减少，设备维护质量提升：传统方式通过人工点巡检，加大了维护人员的劳动强度，也因为某些客观因素使设备监管存在区域死角的问题。

(6)通过对设备数据的积累和价值挖掘，为港口设备的使用、监控、维护等重要环节提供数据支撑和形成新的解决方案，不断产生价值。

三、成果研制

1. 项目实施的目标及主要内容

(1)提供完善的设备监控系统，优化设备管理，提高利用效率：通过整套管理系统，实现设备的全程监控及全生命周期维护，并可提供配套App(软件应用程序)，提高系统灵活性，实现无缝监控。

(2)系统采用模块化设计，灵活开放，具备较强扩展性：整套系统设计开放灵活，支持对接不同终端和第三方应用系统；支持平行扩容，升级便捷、高效。

(3)为企业提供海量数据支撑，用于研发改进技术：通过全面地采集设备数据，为企业对设备的安全监管与技术品质提升，提供可靠的数据支撑；结合大数据技术，能够帮助企业提前规避技术风险，减少不必要的投入。

(4)构建基础设备联网环境，为实现设备“智能网联”提供支持：顺应港口智能化发展浪潮，实现设备实时监控、设备远程控制、远程升级(OTA)等前沿技术，为港口智能化建设提供基础技术支持。

(5)提供一站式售后服务：智能定制和主动推送设备的维护保养信息，提供维护保养、故障报修闭环化的派单流程，为客户提供一站式售后服务体验。

2. 项目实施技术路线

项目成果的实施主要分为两部分：一是数据采集和处理的基础平台，即设备联网平台，需要完成设备数据接入、计算和存储等功能，构建稳定的数据处理核心层。二是业务应用层，根据实际需求定制开发，提供设备管理、设备监控、设备报警、远程控制、维修保养、售后服务、统计分析、移动App等模块，通过应用程序编程接口(API)从设备联网平台获取数据，为内外部应用提供服务。本系统主要建设内容为建立设备联网平台和南京港机设备管理平台。

设备端以智能采集终端为核心。智能采集终端只要功能是完成设备端和平台端的通信，并完成完全防护、信息收集等功能。目前需要管理的设备主要有门式起重机、岸桥、卸船机、轨道式集装箱龙门起重机（RMG）、轮胎式龙门起重机（RTG）、斗轮堆取料机，装船机等。其中，可编程逻辑控制器（PLC）的种类主要有 SIEMENS S7-1500、GE RX3I、OMRON CS1G 系列、ABB AC800系列，可通过以太网、Profibus-DP、RS485 等接口与智能采集终端对接。

智能采集终端接收设备端 PLC 发出的信息，包括设备基本信息、设备状态信息、设备故障信息等，同时将来自移动网络的远程控制信号发送给 PLC 端实现设备远程控制；另外，智能采集设备通过内置 SIM 卡与移动网络进行通信，将预先定义的信息通过网络发送到数据中心（云平台），同时接受来自网络的远程控制信号和反馈信息等。平台端主要承担基本数据接入、负载均衡、通信网关、分布式数据存储、数据计算、数据接口管理等底层应用功能。

设备端通过智能采集终端采集设备的动态数据，通过 4G/5G 通信连接平台端。设备联网平台系统架构如图 1 所示。

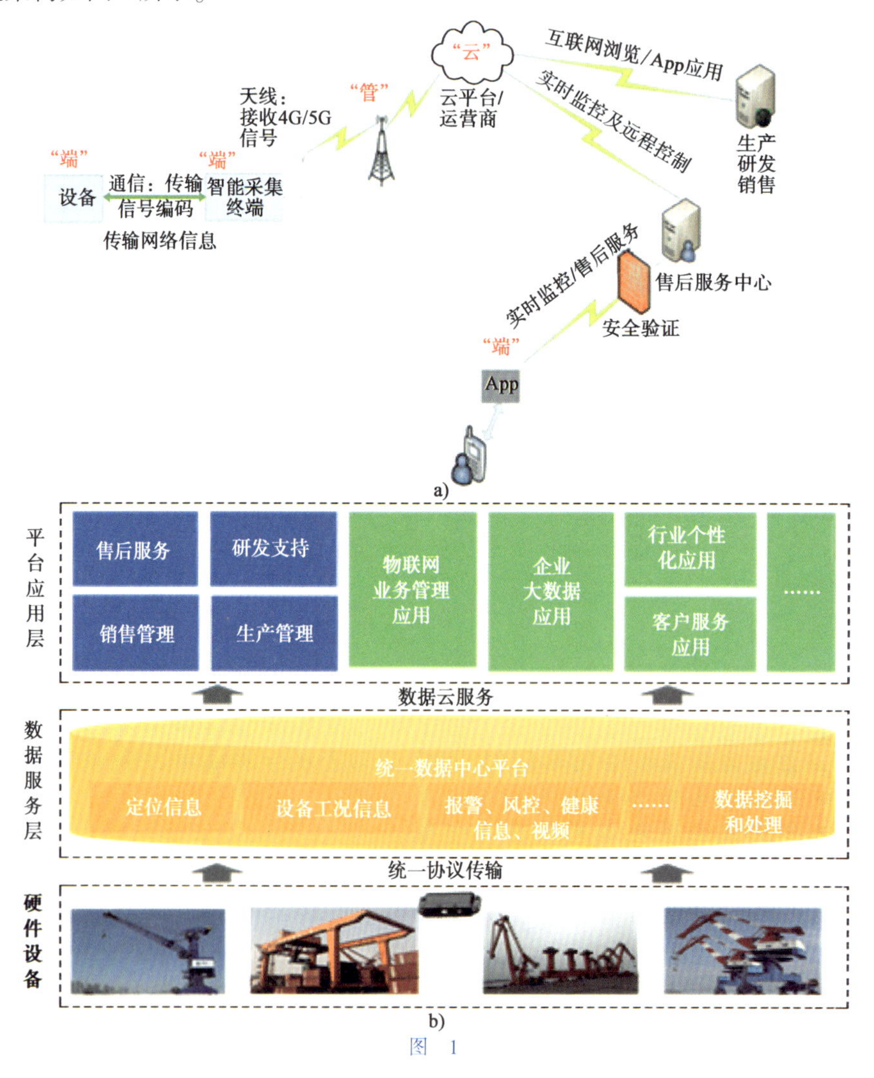

图 1

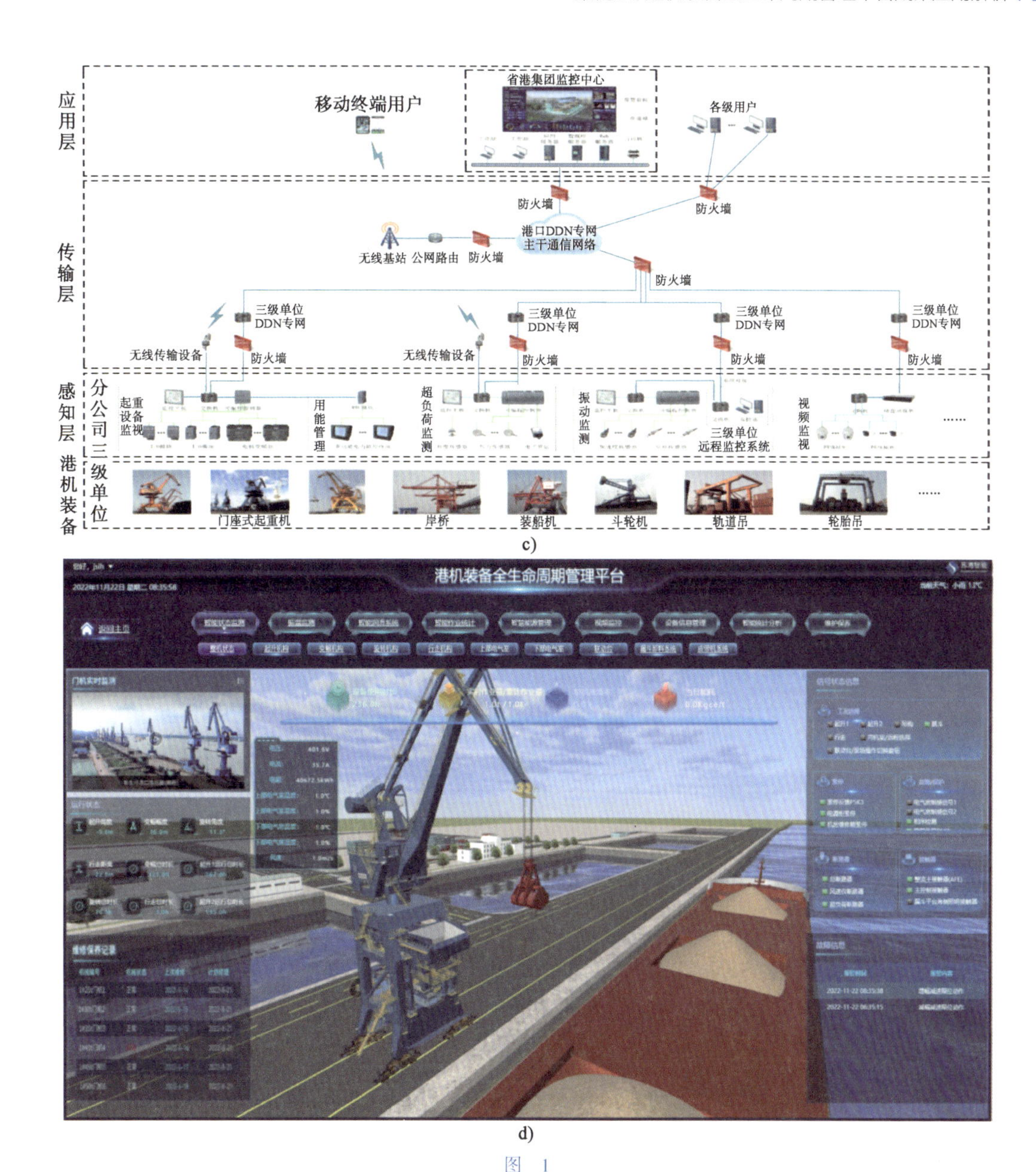

c)

d)

图 1

四、项目成果科技创新点

该项目主要针对港机设备运行与维护管理智能化、智慧化需求，研究开发的港机装备全生命周期管理平台，形成了具有自主知识产权的系列成果。该项目主要创新点如下：

（1）以 BIM 建模、物联网、大数据、4G/5G 通信、边缘计算和数字孪生技术为基础，搭建三维数据联动的可视化平台。

（2）形成 1 + N 的数字化平台架构，打通各子系统与平台数据接口，建立标准数据体系库，集数据采集、数据存储、数据展示、作业统计、能源管理、视频监控、智能分析、设备管理等功能于一体。

(3)基于信号处理的故障快速响应算法,建立港机设备在线智能状态监测和故障智能诊断的预维护平台。

(4)面对不同类型的港机设备,建立“智能网联”全方位监管的云端平台。

(5)基于浏览器实现实时数据展示和监控的Web组态软件,集计算机技术、通信技术、控制技术网络技术于一体,实现通信、监控、报警、控制、数据管理、数据分析应用等众多功能。

(6)多层级设计架构,多线程队列数据处理方式,建立高效、灵活、稳定、安全的服务运行后台。

五、项目成果社会效益

通过港机装备全生命周期管理平台项目的建设,积极响应国家及交通运输行业关于“智慧港口”的号召,增强港口基础设施保障能力,促进港机装备精细化管理水平提升,创新港机装备的管理方法,使港机装备更好地服务于港区内的生产作业;提高了港口生产作业的自动化、智能化、安全化、可视化水平,为港机装备“智能网联”和港口智能化建设提供技术支撑,加快智慧港口的建设进程,对我国港口行业的发展起到积极促进作用。

沙夕兰劳模创新工作室简介

沙夕兰劳模创新工作室(以下简称“工作室”)成立于2010年11月,依托于南京港机重工制造有限公司。工作室主要以技术研发人员为核心,建立一个以产品研发为基础的创新平台,致力于推动港机行业科技创新和产业升级,通过不断创新研发,培养更多港机研发人才,使南京港机领军港机制造业,进一步扩大南京港机在国内外的知名度和影响力(图2)。对南京港转型及南京港机发展具有十分重要的意义。

图 2

目前,工作室共有31人,其中从事机械设计研发23人,电气设计研发8人。32名技术人员全部为本科以上学历,其中硕士研究生1名,工程硕士7名,高级工程师9名,工程师8名,助理工程师15名。工作室团队成员分为前瞻性创新研究、新技术应用推广、产品攻关改进、施工及工艺四个小组,有计划、有目标地进行攻关活动,成员间团结协作、共同进步。

工作室自成立以来,在加快产品创新研发和人才培养方面都取得了较好的成果,每年至少研发成功6项新产品,最多的1年完成17项新产品研发,迄今为止共研发新产品100余项,并全部实现成果转化,获得省部级奖项9项,其中两项一等奖;目前共授权发明专利4件,授权实用新型专利54件,软著5件,另外有11件发明专利和5实用新型专利件还处于实质审查或者受理阶段。

工作室先后荣获南京市总工会首届十佳劳模创新工作室、江苏省示范性劳模创新工作和全国示范性劳模和工匠人才创新工作室等称号。

案例六:流机 AI 智能防碰撞系统成果应用解析

所属单位:南京港集团南京港新生圩港务分公司

创新团队:董慧技能大师工作室

创新成果:流机 AI 智能防碰撞系统

一、研究背景

叉车作为港内重要搬运装卸工具,发挥着重要作用。但叉车属于场内特种作业车辆,对设备管理和安全操作有很高的要求。

港内流动作业设备多,现场嘈杂,叉车驾驶员多为外包人员,在日常作业中存在一些安全隐患:

(1)叉车多配置封闭驾驶室,作业中驾驶员存在视野盲区和听觉障碍,无法观察到周边人员情况,存在叉车作业安全事故风险。

(2)叉车驾驶员在日常作业过程中,存在违规作业现象,如超速行驶、作业过程中打手机、疲劳驾驶、未系安全带等;叉车在狭小区域内频繁前进、后退和转向作业,容易忽视周边人员,导致事故发生(图 1)。综上所述,有必要研究一种先进手段解决上述作业隐患。

a)

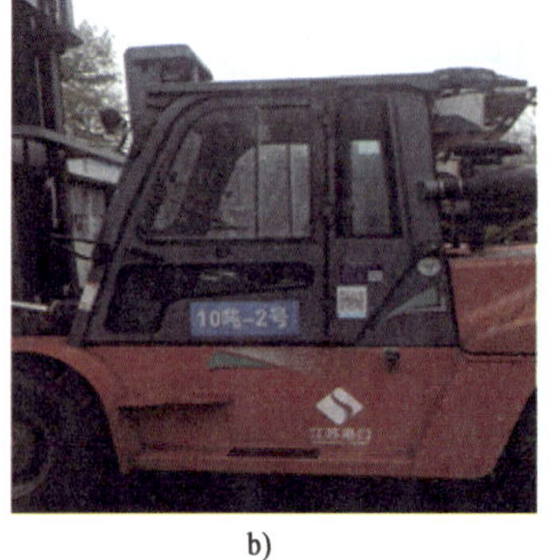
b)

c)

图 1

二、研究方向

1. 减少设备碰撞

流动机械设备在空间狭小的作业场，经常会发生碰撞摩擦，导致机损，运用人工智能（AI）技术碰撞检测，及时报警，提醒驾驶员注意障碍物，避免碰撞。

2. 保障作业人员安全

在人机联合作业中，作业人员经常会进入到车辆的危险运行区域，通过 AI 技术光线影像报警功能，及时提醒作业人员远离和驾驶员避让，保证作业安全。

3. 规范驾驶员操作

驾驶员启动车辆时，驾驶室内摄像头对驾驶员进行检测，提醒驾驶员规范作业。

三、成果研制

1. 研究历程

（1）区域警示灯应用。2020 年在驾驶室顶部四周安装射灯源，车辆作业时，在车辆四周形成一个矩形安全警示作业区域，提醒周围工人不要进入（图 2）。

图 2

（2）声光结合运用。2021 年，在 2020 年的研究基础上增加警报，通过声光报警，提醒周围工人不要进入车辆作业危险区域（图 3）。

图 3

(3)AI技术运用。2022年利用AI视觉技术，从驾驶员、工人和车辆三个方面，实时侦测工作区域的危险状态并控制车辆，进一步提升工程车辆作业安全(图4)。

图 4

2. AI视觉技术

AI视觉技术主要是影像采集、语音提示和行为监控三种技术的综合运用。

(1)影像采集

影像采集是通过3颗独立摄像头，结合深度学习算法以完成机器视觉的识别工作(图5)。其中，两颗独立摄像头具备补光设计的超广角摄像头，分别安装在车辆护顶架前方和后方，在光线不佳的环境也能够满足作业人员侦测需要，同时具有行车记录仪的功能。

图 5

(2)语音提示

语音提示是通过识别行人特征并判断距离，可灵活调节两个层级的报警区域，不仅可以警示路人，提醒驾驶员减速慢行；还可以控制车辆油门，实现人员进入危险区限速停止的功能(图6)。

图 6

(3)行为监控

一颗搭配红外线补光的摄像头安装在车内，可识别驾驶员疲劳驾驶、抽烟和打电话等行为并记录，具有辅助驾驶员驾驶，以及驾驶员违规驾驶行为记录拍照的功能(图7)。

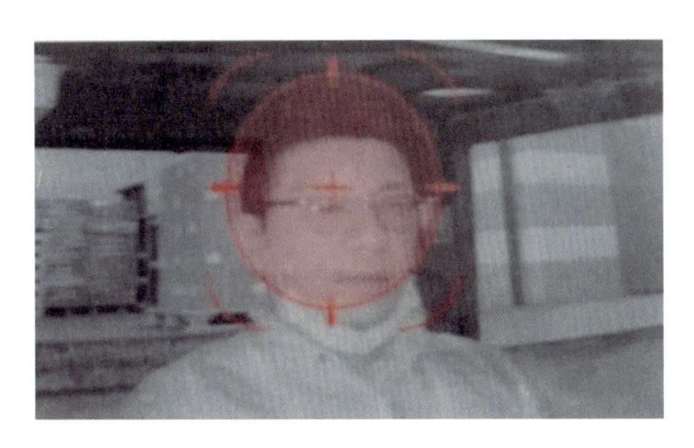

图 7

3. 安装调试

选取公司使用频率高的设备进行选位安装和测试，并告知驾驶员、作业人员设备的相关功能及注意事项，对设备管理人员进行系统运用程序操作培训(图8～图10)。

图 8

图 9

图 10

四、成果创新

(1)通过对警示距离之内人员识别和监测，主动提醒操作人员提高注意力，驾驶员可以通过摄像显示屏观察到周边人员情况，并对叉车周边进行拍摄记录。

(2)AI摄像头会对驾驶员的行为进行监测，并对违规驾驶行为进行报警提醒并记录保存。该系统具有电子油门(紧急情况主动控制油门，降低速度)，安全带未系报警等功能。

(3)管理人员可以连接手机App和SD卡，可以追溯事故过程和分析事故原因。

五、成果取得成效

1. 应用场景

AI视觉技术分别在装载机(图11)、洗扫车(图12)、叉车(图13)作业中安全管理的运用。

图 11

图 12

图 13

2. 问卷反馈

运行一段时间后，针对系统对设备管理人员和流动机械作业人员进行问卷调查（图14），得出系统在提高操作安全、帮助行人提高注意力、提醒规范驾驶员行为方面效果突出，得到认可。

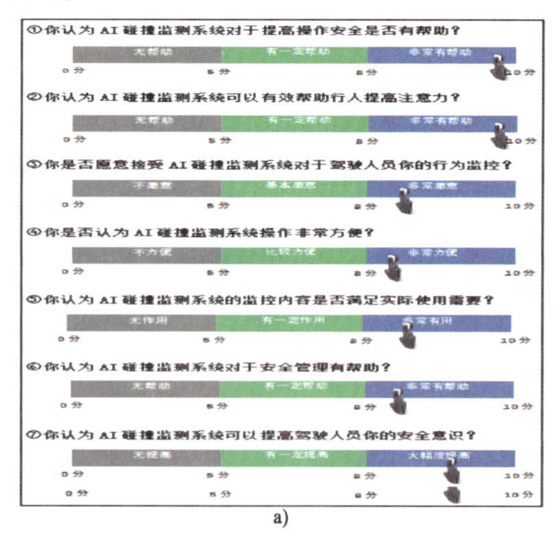

a)

作人员进行问卷调查。问卷调查表如下：

AI碰撞监测系统问卷调查表				
姓名		工作岗位		填写时间
序号	调查内容			评　分
1	你认为AI碰撞监测系统对于提高操作安全是否有帮助？			
2	你认为AI碰撞监测系统可以有效帮助行人提高注意力？			
3	你是否愿意接受AI碰撞监测系统对于驾驶人员你的行为监控？			
4	你是否认为AI碰撞监测系统操作非常方便？			
5	你认为AI碰撞监测系统的监控内容是否满足实际使用需要？			
6	你认为AI碰撞监测系统对于安全管理有帮助？			
7	你认为AI碰撞监测系统可以提高驾驶人员你的安全意识？			
评分范围1-10分，分数越高表示满意度越高。				

b)

图 14

3. 数据分析

AI 视觉技术自 7 月份投入应用以来，选择碰撞摩擦、工人侵入警戒报警、紧急制动、未系安全带、超速转弯 5 个项目进行跟踪统计，通过整理 2022 年 7—11 月 5 个月的数据，得出 5 个项目的发生次数得到显著下降，AI 系统对安全作业起到显著效果（图 15）。

AI技术防碰撞系统考核项目次数统计

次数＼月份 项目	7月	8月	9月	10月	11月
碰撞摩擦	15	11	8	9	4
工人侵入警戒报警	28	19	13	11	7
急刹车	20	15	13	7	5
未系安全带	15	11	7	4	1
超速转弯	30	21	17	10	5

AI技术防碰撞系统考核项目次数统计

图 15

4. 与班建融合

通过对班组成员个人的碰撞摩擦、紧急制动、未系安全带、超速转弯 4 个项目数据进行统计、分析、考核，了解每个人的违规侧重点，并对重点违规项目进行培训和整改，促进成员安全规范驾驶（图 16）。

次数＼项目 姓名	碰撞摩擦	紧急制动	未系安全带	超速转弯
胡××	7	6	3	11
方×	4	13	1	5
苏×	8	5	0	9
王×	2	9	9	6
王××	5	4	8	6
张×	1	3	4	12

a)AI技术防碰撞系统考核项目个人次数统计

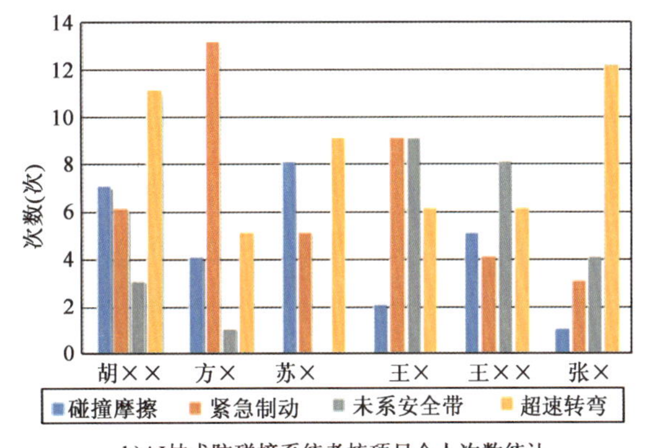

b)AI技术防碰撞系统考核项目个人次数统计

图 16

5. 效率提升

AI 视觉技术自运行以来，有效辅助操作人员规避安全风险，确保了作业过程连续高效，班组整体作业效率提升近 14%（图 17）。

a)

作业效率 月份 / 项目	5月	6月	7月	8月
胡××	90	85	98	110
苏×	88	82	90	100
王××	80	79	90	92
方×	81	85	85	90
张×	81	83	90	105

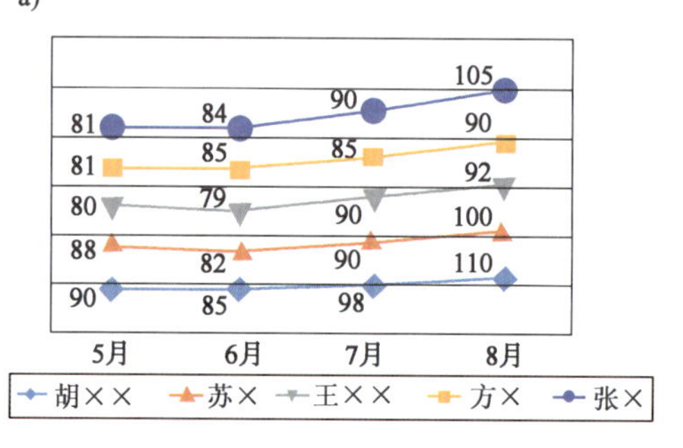

b)AI技术防碰撞系统对作业效率的作用

图 17

董慧技能大师工作室简介

董慧技能大师工作室（以下简称“工作室”）于2018年底成立，依托南京港新生圩分公司奇匠班，以南京市劳模、江苏省企业首席技师、江苏省属企业巾帼建功标兵董慧同志为领办人，由12名成员组成的优秀团队，主要负责新生圩港区各类港口装卸设备设施的研制、改造及新技术、新工艺的运用和现代港口技能人才培养等工作。工作室于2020年12月获得江苏省交通运输行业技能大师工作室。领办人董慧获江苏省属企业“巾帼建功标兵”“江苏省企业首席技师”南京市劳动模范等称号（图18）。

图 18

工作室始终秉持守正创新理念，以匠心守初心，以初心致创新，努力展现新时代港口产业工人队伍奋楫扬帆、笃行实干的新形象、新风采。以“重人才、显技能、展实效”为工作主题，以“导师带徒、技能培训、技术比武、技改革新”为培养方针，通过《今天我来讲》《大师讲堂》《创新实验室》等主题课堂，采取“走出去”“请进来”等方式开展交流学习，取优补缺，开阔眼界，促进人才建设全面发展。

近两年，工作室积极投身“平安绿色智慧”港口建设，围绕解决港口安全生产技术难题、优化生产工艺、促进绿色发展等方面，汇聚团队智慧和力量，大力弘扬劳模精神、劳动精神、工匠精神，怀匠心、做匠人、践匠行，优质、高效地完成各项维修保障任务和10项港口生产适用性研发成果，助力南京港新生圩分公司高质量发展。

案例七：允涛高精度电子皮带秤创新成果应用解析

所属单位：张家港港务集团有限公司

创新团队：允涛计量工作室

创新成果：允涛高精度电子皮带秤（图1）

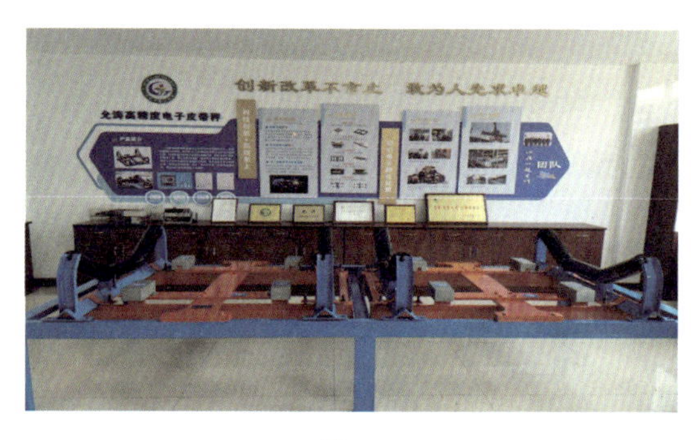

图 1

一、研究背景

张家港港务集团有限公司（以下简称“港务集团”）始建于1968年，1982年11月经全国人大常委会批准对外开放，经过多年来的市场培育和经营开拓，形成了以木材、煤炭、矿石、集装箱、件杂货为主导的五大货种。其中，煤炭和矿石作为港务集团两大支柱货种，年吞吐量超6000万t，80%以上需经电子皮带秤计量后进行贸易交接，计量精度尤为重要。

电子皮带秤作为大宗散货主要计量工具之一，当前行业内品牌较多，且整体运行稳定性不足，受港口复杂工况影响较为明显，尤其在流量波动大、低流量作业或间歇供料作业时，计量误差较大，正负偏差没有定律且难以控制，难以满足市场日益提升的精确计量需求。近几年推出的矩阵式高精度电子皮带秤，精度参差不齐且秤体结构超长，安装适应性较差，售价较高。

综上，业内需要一款安装适应性强、性价比高、计量精度高、运行稳定性好的高精度电子皮带秤。

二、成果研制

2018年，港务集团成立了允涛计量工作室，旨在深化产业工人队伍建设改革，发挥基层技术人员创造性，补齐港口高质量发展中的短板弱项，突破市场化经济服务中的难点、堵点。薛允涛带领团队研究摸索、攻坚克难，历时3年成功研发允涛高精度电子皮带秤。

1. 广泛开展市场调研

为切实解决皮带秤动态计量的难题，薛允涛带领团队深入开展了一系列市场调研工作，先后走访了徐州、上海、铜陵等地多家业内电子皮带秤龙头企业，对行业内的多款主流产品进行了性能分析和对比；特邀了新西兰皮带秤领域有关专家来港交流，共同探讨了关于高精度电子皮带秤的发展方向和技术路径。

2. 积累数据奠定基础

大胆探索和尝试，不断分析影响皮带秤计量精度的要点、难点和痛点。为了采集到最原始、最真实的数据，工作室技术人员克服实验条件不足的困难，通过全天候蹲守观察输送带运行状态对计量精度的影响，全年度统筹分析温度变化对皮带秤计量精度的影响等工作，对卡料、积料等人为可控因素和温度变化、偏载等不可控因素进行归类，于业内率先将可控因素优化，将不可控因素范围量化，形成精度变化绿皮书，多篇技术论文在行业期刊发表，为电子皮带秤成功研发奠定了理论基础。

3. 创新攻关实现突破

在充分理论论证的基础上，薛允涛带领团队克服了一系列的行业难题。

（1）技术突破。通过海量的数据统计分析、3D技术模拟设计、对称重传感器倍量增加，解决了低流量、流量波动和间歇供料等引起的精度漂移问题，完成了计量精度由0.5%提升到0.2%。

（2）算法突破。用时半年，开发了匹配8个传感器的模块、毫伏级信号的数字化转换，解决了信号处理能力、电磁干扰和传输损耗问题。

（3）结构突破。创新制作了大量实体模型，设计出了独立双杠杆四托辊结构形式的秤体，通过免维护功能模拟及抗偏载剪切力收集功能下的有效形变测试，解决了卡料、积料对精度的影响，实现偏载状态下的精确计量。

最终，薛允涛带领团队历时3年，通过市场调研、理论积累及逐个攻克系列难题，成功研发允涛高精度电子皮带秤（图2、图3）。

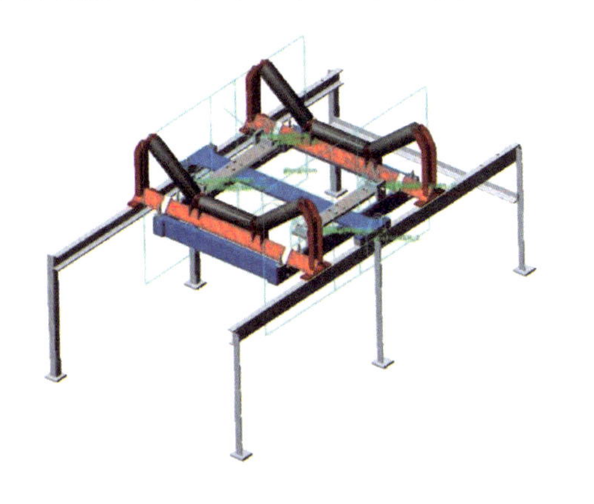

图 2

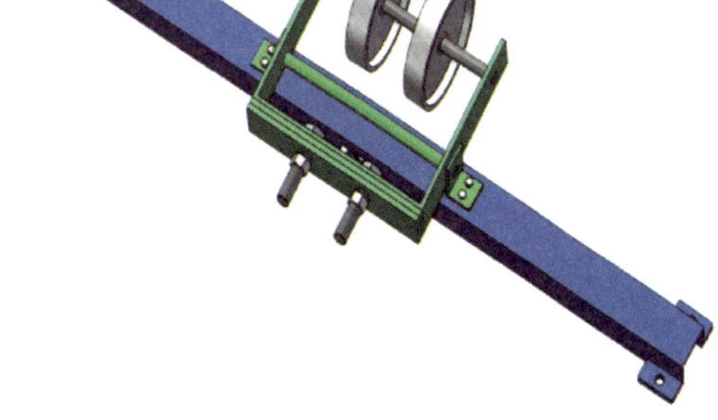

图 3

三、成果特性

允涛高精度电子皮带秤以解决影响皮带秤计量精度的问题为着力点，攻克传感器放量、剪切力收集、最短有效称量长度的矩阵布局等系列技术难关，最终具备“两最”“一唯一”特性，经数年生产实际的检验，达到国际行业领先水平。

1. 精度等级最高

允涛高精度电子皮带秤配置了8个称重传感器，配合4根二级支撑梁的阵列式布局，较目前行业主流皮带秤的传感器配置数量增加了一倍，其计量数据更贴近物料真实数据，尤其在作业流量大幅度波动或是间歇性供料的作业工艺下，其计量精度等级为0.2级，比市场主流皮带秤精度提升60%，达到国际计量组织最高等级。

2. 安装适应性最好

目前行业内精度等级能够达到0.2级的为阵列式高精度皮带秤，其有效称量长度为19.2m，需要皮带机安装长度不低于26.4m。允涛高精度电子皮带秤只有2节秤体，有效称量长度仅为4.8m，需要皮带机安装长度不低于12m即可，有效称量长度缩短75%，在高精度皮带秤行列里有效称量长度最短，具备更好的安装适应性（图4）。

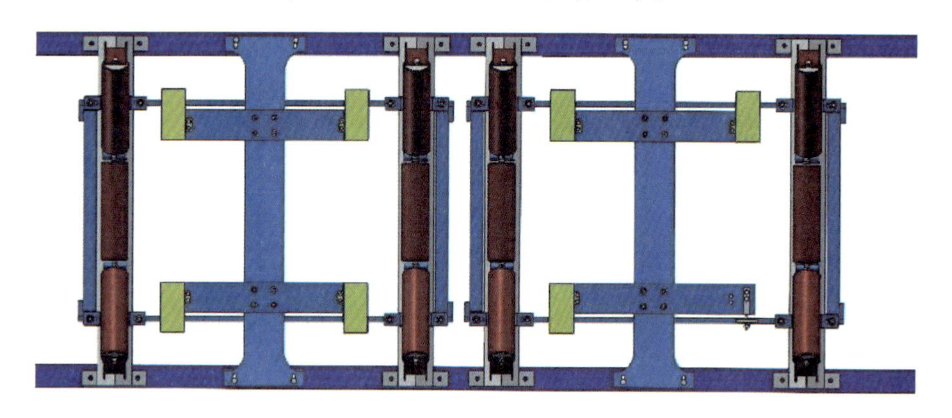

图 4

3. 唯一具备剪切力收集功能

允涛高精度电子皮带秤采用独创双秤体，共计6支撑梁的结构形式，使得称重传感器相对独立、互不干扰，彻底解决了其他结构形式在实际作业过程中产生的晃动或浮动问题，可保证在偏载及输送带中轻度跑偏的工况下，计量精度几乎不受影响。在实物校验下，计量精度长期保持较高水平，满足贸易交接需求，长期运行稳定性好（图5）。目前，允涛高精度电子皮带秤已先后在超短距高空皮带机、带移动装船机的流程皮带机、大角度固定皮带机等多种复杂工艺流程中推广应用，是业内唯一能够在此等工艺条件下满足高精度计量的皮带秤。

图 5

四、创新成效

1. 研发精度领先、企业受益的计量创新成果

自允涛高精度电子皮带秤研发使用以来,实际使用精度稳定控制在0.2%以内,远高于国际惯用的0.5%贸易交接精度,得到了地方海关的高度认可,每年可为在港客户带来9000万元以上的货物创收,极大地保障了在港客户利益,提升了企业的核心竞争力。在港务集团5号泊位、10号泊位流程化改造项目中,允涛高精度电子皮带秤全面推广,节约投资约300万元(图6)。

图 6

2. 建立客户信赖、用户满意的计量服务品牌

允涛高精度电子皮带秤成功开拓了港口市场,一跃成为业内标杆,成为港务集团职工创新成果市场化的首例。目前已实现五矿(唐山)矿石发展有限公司、曹妃甸港、镇江港等9家港口企业的产品输出,累计销售额500余万元,切实解决了计量难题,部分企业的皮带秤计量精度提升40余倍,摆脱了客户不接受皮带秤计量交接的困局,打响了产品品牌(图7)。

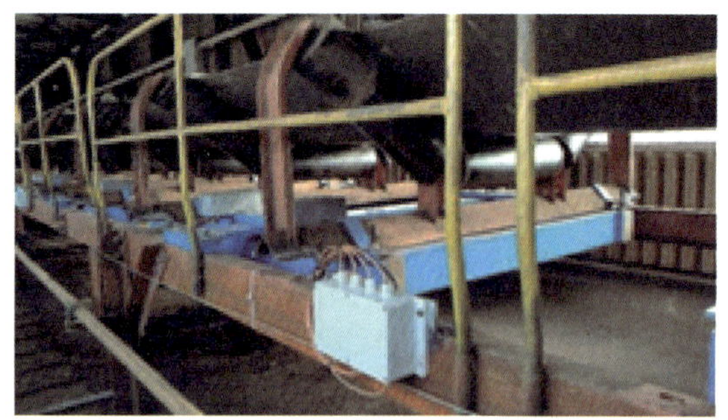

图 7

3. 形成行业认可、推广性强的专业计量方案

允涛高精度电子皮带秤凭借优异的产品性能，可广泛应用于码头、电厂、矿山、粮仓等行业的大宗散货计量，在行业内形成了广泛的影响力，受到了一致好评。黄骅港、广州港、安徽有色金属及非洲某煤企等多家企业对允涛高精度电子皮带秤表示出浓厚兴趣，相关成果推广工作正在洽谈。该成果先后获评全国水运系统职工岗位创新成果优秀项目、中港协科技进步奖、江苏省省部属企业职工十大创新成果。

五、成果推广

1. 成果共享

该成果作为港口工匠创新联盟首个共享成果，与曹妃甸港签订了战略合作协议。目前，已在多家联盟成员单位中推广应用(图8)。

图 8

2. 合作推广

鉴于允涛高精度电子皮带秤的优异性能，国内外5家专业皮带秤厂商主动寻求合作，进一步放大产品。

允涛计量工作室简介

允涛计量工作室(以下简称“工作室”)是张家港港务集团港盛分公司的专业化、创新型计量管理工作室,日常功能集交流、培训、实验、设计、研发于一体。多年来,工作室以港口生产为立足点,为港航事业的蓬勃发展贡献智慧和力量。工作室先后被授予全国交通建设产业劳模和工匠人才创新工作室、江苏省交通运输行业技能大师工作室、江苏省港口集团第一批劳模(技能人才)创新工作室、张家港市技能大师工作室等称号(图9)。

图 9

一、筑牢建强创新创效平台

工作室成立以来,积极开展科技创新工作,先后完成解决生产实际难题的科创项目近20项。工作室团队历时3年设计研发的允涛高精度电子皮带秤,经过2年的实际生产作业检验,体现了其计量精度高、运行稳定性好、安装适应性强的特点。鉴于该成果的优异表现,五矿(唐山)矿石发展有限公司经多方对比并最终采购,正式拉开了该秤市场化推广的序幕,至今已先后完成9家港外企业的成果输出,销售额500余万元。2022年,该成果作为港口工匠创新联盟首个共享成果,与曹妃甸港签订了战略合作协议。

二、聚力打造人才培养阵地

工作室成立以来,每年开展形式多样的技能培训交流活动。近两年开展培训32次,共计350余人次,惠及镇江、唐山、重庆等多地企业员工,培养了一批具备计量设备维护管理能力的青年人才。负责人薛允涛作为长航十大杰出青年、港务集团“123工程”高技能领军人才,在潜心攻关的同时,积极引领更多员工迈上技能成才之路。

案例八：纸浆自动抓取吊具成果案例解析

所属单位：山东港口青岛港集团西联公司

创新团队：杜勇劳模和工匠人才创新工作室

创新成果：纸浆自动抓取吊具(图1)

a)

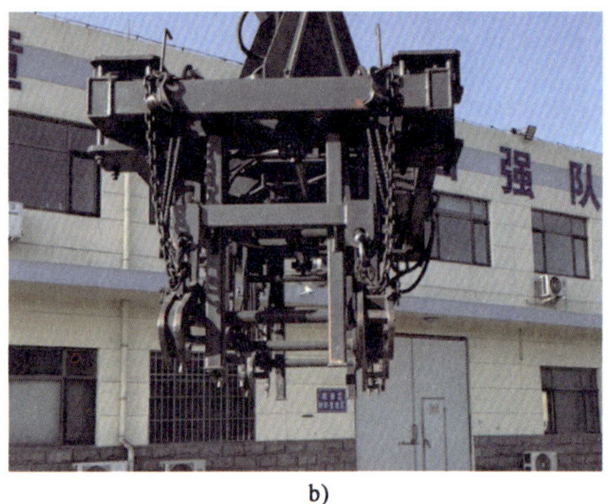

b)

图　1

一、研究背景

在件杂货作业中，“人机配合”问题一直是港口安全生产管控的重点和难点，如何利用技术化手段解决“人机配合”问题是当前本质安全建设的重中之重。纸浆作为山东港口青岛港西联公司的主干货种，解决纸浆人货分离问题和降低安全风险是西联公司创新团队不懈追求的目标。

当前港口装卸机械设备发展的主要趋势是自动化、智能化、专业化、多用化、标准化。在山东港口青岛港全力打造散装纸浆装卸集散基地，巩固全球散件纸浆进口量全球第一的新形势下，山东港口青岛港西联公司紧跟山东港口一体化发展，注重港口装卸机械设备的先进性研究和创造工作，大力开展创新创效活动，结合现场生产实际，自主创新研制适用于西联公司纸浆全流程作业的专属吊具，为巩固全球散件纸浆进口量全球第一的地位做出突出贡献。

二、取得的成效

(1)该吊具的应用，节省了纸浆作业中人工挂钩、摘钩的作业环节，实现了人机分离、人货分离的本质安全目标，从源头上有效避免了登高码垛、取垛作业的安全风险。

(2)使用该吊具后，每个作业点由原先的 4 名作业人员，减少至 1 名作业人员，年度可节约人工成本 30 余万元。

(3)作业效率大幅度提升，以往纸浆手动钩单班单机作业量为 1500t 左右，新吊具应用后单班单机作业量可达 2200t，作业效率提升 40%，为西联公司件杂货发展强劲助力。

(4)该吊具荣获国家发明专利。2022 年获中国港口协会科学技术奖二等奖。

三、成果研制

(1)西联公司创新团队根据现场实际操作遇到的问题，经过现场调研、思路研讨、策划实施等步骤，确定了吊具的尺寸和性能要求。

(2)根据纸浆绕子特点、货物件质量、设备起重能力进行设计，充分听取并采纳了现场作业人员的宝贵意见，以曲臂吊液压系统为吊具动力，采取以可调大小的旋转式液压框架为吊具主体，以可移动式液压夹具为中心的吊具设计方案。

(3)利用 solidworks(正版软件)制作吊具模型 3D 效果图，并根据软件模拟运行情况确定方案可行性。

(4)将设计方案及技术要求对接"三一重工"公司，利用其生产制造资质，制作纸浆自动脱钩吊具。

方案设计图如图 2 所示。软件模拟图如图 3 所示。

注意事项：

(1)抓具使用高强度耐磨钢材制作。

(2)单个抓具液压缸垂直承受能力不低于 5t。

(3)同组抓具液压系统必须同步。

(4)4 根纸浆限位杆要求高强度钢材制作，保证强度。

四、使用方式

1. 与作业机械的连接

通过连接轴销与作业机械进行物理连接，物理连接后将动力液压油路和控制液压油路分别与作业机械连接。注意连接扭力控制，保证液压接口牢固可靠(图 4)。

2. 测试吊具功能

吊具安装后，起升吊具至 1m 处，通过控制液压系统，测试吊具横移和抓具部分开闭情况，运行流畅无卡顿，即可投入使用(图 5)。

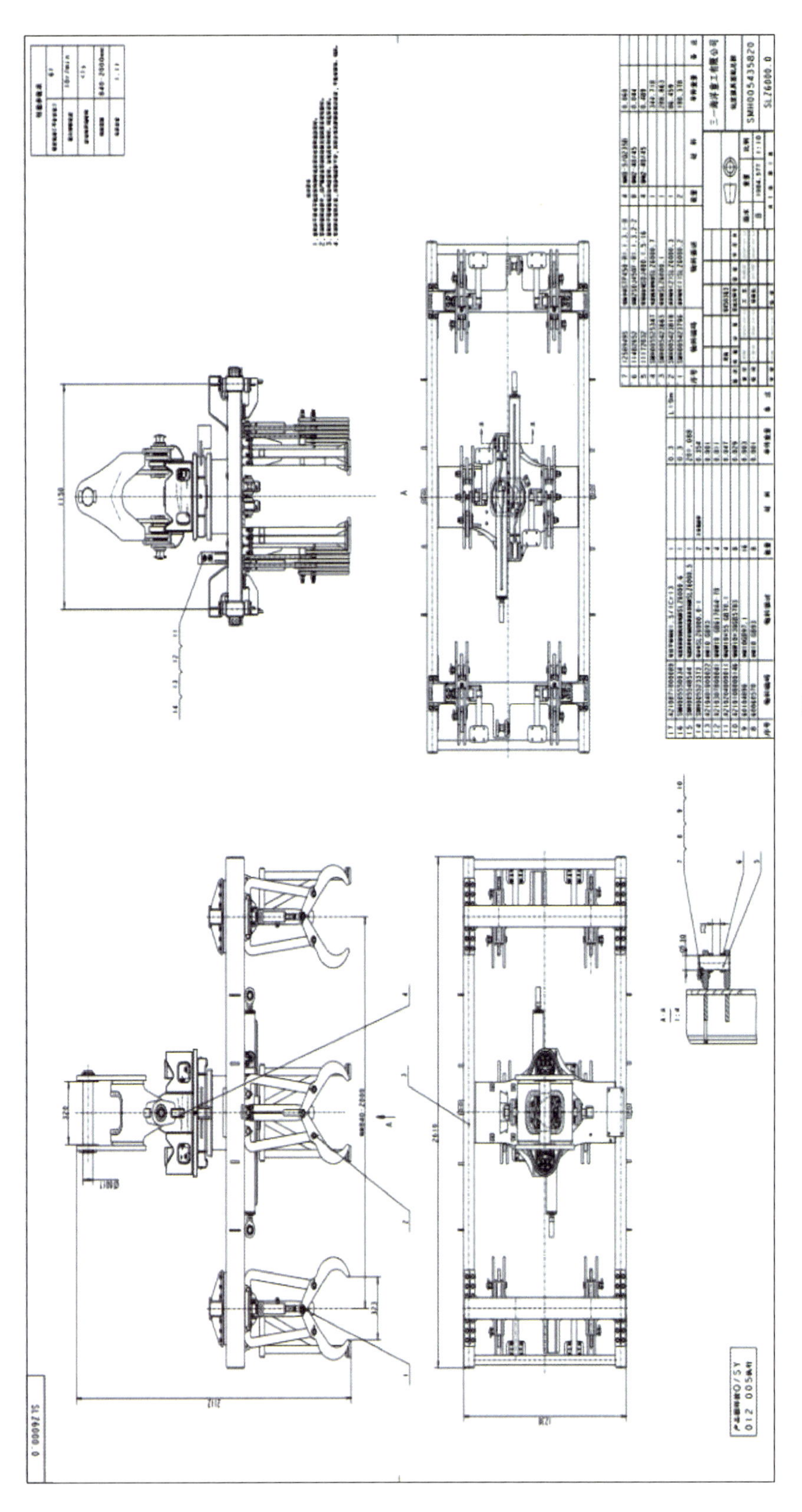

图 2

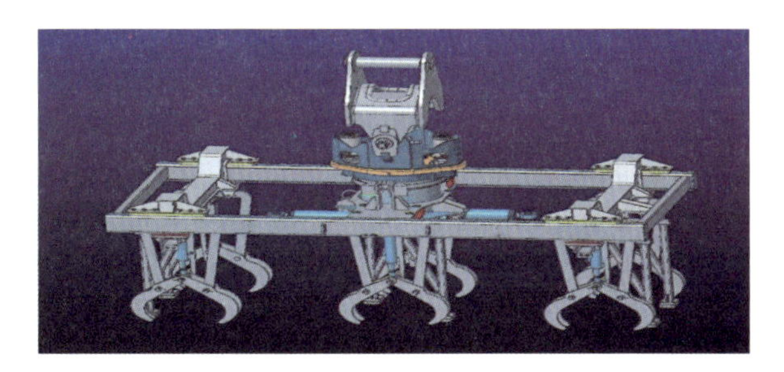

图 3

图 4

图 5

3. 纸浆抓取作业

作业机械将吊具放置在纸浆正上方，利用吊具旋转功能使吊具和纸浆进行对正，随后调整好3组夹具之间的距离，确保纸浆绕子在夹具中间段位置，然后压下夹具使其紧贴纸浆上部，随后利用液压控制系统闭合夹具，抓取纸浆绕子与纸浆之间的空隙部分，最后对夹具和纸浆绕子的夹取情况进行确认，确认完全夹取且未损伤纸浆绕子后便可进行起吊作业。

4. 纸浆颠放作业

纸浆到指定位置后，通过吊具旋转功能将纸浆放正位置，随后下压吊具，当4根纸浆限位杆触碰纸浆后停止下压，确认纸浆绕子处于非受力状态；随后利用液压控制系统打开夹具，确认无问题后方可起吊（图6）。

图 6

注意事项：

(1)作业时需控制夹具距离，避免夹具直接夹取纸浆绕子导致纸浆绕子断裂。

(2)纸浆吊运过程中，避免大幅度晃动导致液压缸过度受力。

(3)颠放纸浆时，应确认纸浆绕子不受力，后方可打开抓具。

五、成果延伸

1. 改良空间

纸浆夹具部分不具备物理自锁功能，在极端情况下会导致吊运中的纸浆掉件；纸浆框架未使用高强度钢材制作，在纸浆作业碰撞中会出现变形问题；夹具钩爪部分未进行流线型设计，操作不当容易夹断纸浆绕子。

2. 思路推广

该成果的发明思路还可用于大袋等质量为 1 ~ 2t 的规则货物的吊装作业。

杜勇劳模和工匠人才创新工作室简介

山东港口青岛港西联公司杜勇劳模和工匠人才创新工作室（以下简称“工作室”），领衔人为全国“优秀农民工”、山东省“劳动模范”“齐鲁工匠”杜勇，团队现有成员22人，其中包括山东省“技术能手”、青岛市“突出贡献技师”李中治，青岛市“技术革新能手”“优秀科技人才”杨军等一批技术拔尖、技能过硬的创新型人才（图7）。

图 7

工作室自成立以来，始终锚定加快建设世界一流的海洋港口目标，守正创新、勠力攻坚，深耕智慧绿色件杂货码头建设，为港口智能化转型作出了突出贡献：管理创新成果丰硕，发表创新论文16篇、创新工作法22个，完成安全生产创新、设备管理创新、装卸工艺属具创新等成果582项，其中33项实用新型专利获得国家授权，公司管理根基更加夯实；技艺精湛，品牌卓越，始终致力于装卸工艺流程优化再造，技以载道、精益求精，先后创出“杜勇吊运”“志浩装箱”“全、细、轻、稳”吊车操作技巧等操作法、绝活20余项，促进重点货种作业效率提升10%，累计为公司创效2000余万元；人才涌动，百花齐放，全面落实“双导师带徒”制度，创新实施“多专多能”人才培育工程，精培养、强激励，团队内90%以上的机械司机精准掌握门机、挖掘机、装载机等多个机种，先后培养出全国“优秀农民工”1人、全国“交通技术能手”2人、全国“港口青年岗位能手”1人、省（区、市）“劳动模范”2人，省“富民兴鲁劳动奖章”1人、“齐鲁工匠”1人、“齐鲁首席技师”1人、“青岛工匠”1人，为港口高质量发展锻造了一支高层次、高素质、高技能的创新型人才队伍。

案例九:翻车机自动摘钩关键技术应用解析

所属单位:山东港口日照港集团一公司

创新团队:田振东劳模创新工作室

创新成果:翻车机自动摘钩关键技术应用

一、研究背景

翻车机是一种用于翻卸散料的大型机械设备,能将散料翻转卸载到地面皮带上,实现散料的卸载运输,作为港口生产组织中的重要环节,在港口中应用极为普遍。在如今港口行业发展中,随着自动化程度的不断提升与广泛使用,生产效率与作业需求持续提高,同时智慧化、自动化的港口理念成为港口行业发展的必然趋势。目前翻车机系统已基本实现自动化,但每个循环中列车在进入翻车机系统作业前,仍需由人工在摘钩站完成解列操作,将待翻卸的车厢与整列分解开。根据车厢数量不同,平均每列火车作业过程中需手动摘钩50余次。人工摘钩作业存在着诸多问题,如人机交叉作业风险高、摘钩稳定性差、作业环境恶劣、人员劳动强度大等。因此,摘钩作业如何通过自动化手段实现是流程作业全过程无人化进程中的重要阻碍。

二、成果效益

本项目是为解决传统摘钩工艺中存在风险高、劳动强度大、作业环境恶劣等问题而设计研究的。项目完成后,对实现工艺设备升级、提高生产效率、保障本质安全、降低经营成本等方面有重要作用。同时,为进一步实现翻车机作业全无人化奠定了基础,有效推进了智慧港口、绿色港口的建设。本项目也是国内港口行业的首次成功应用。

本项目投入使用后,摘钩成功率稳定在98%以上,作业效率提升12%。本项目推广应用后,能有效减少人员配置30%,预计每年节约人工成本300万元,减少设备空运转时间超过700小时,每年节约能耗成本450万元。

三、成果研制

经过前期大量的现场调研和实际试验后,充分考虑摘钩作业特点,同时基于现场环境恶劣,而设备使用却又必须安全、高效的多重因素的考虑,并深度挖掘港上各部门工作人员在各个不同层面上的功能需求和要求，不断细化、优化，最终确定本项目的研究内容主要包括行走同步性研究、列车车型识别研究、摘钩动作路径研究、手柄定位研究等四部分。

1.行走同步性研究

本项目对比了同侧摘钩的技术方案，即摘钩机械臂安装位置与人工摘钩同侧。若自动摘钩失败或自动摘钩系统故障，该系统会占据后续人工摘钩的作业空间，给生产秩序和生产安全带来不便和隐患。因此，综合考虑下，将摘钩系统布置在人工摘钩区域对侧，即与定位车同轨道。当定位车向前牵引空车时，摘钩系统会根据单翻或双翻情况，通过激光雷达实时检测与定位车的距离，实现自动定位到摘钩车厢处，独立驱动行走装置跟随前进，并保持与车厢相对静止的运动状态。

自动摘钩系统的行走机构（图1）由行走小车和直线模组组成，根据定位车的高低速、加减速反馈信号，自动定义基础速度；再根据雷达检测与定位车的距离信息，实时调整运动速度，实现摘钩机械臂与车厢的同步前进，有效提高了摘钩的稳定性和识别的准确性。

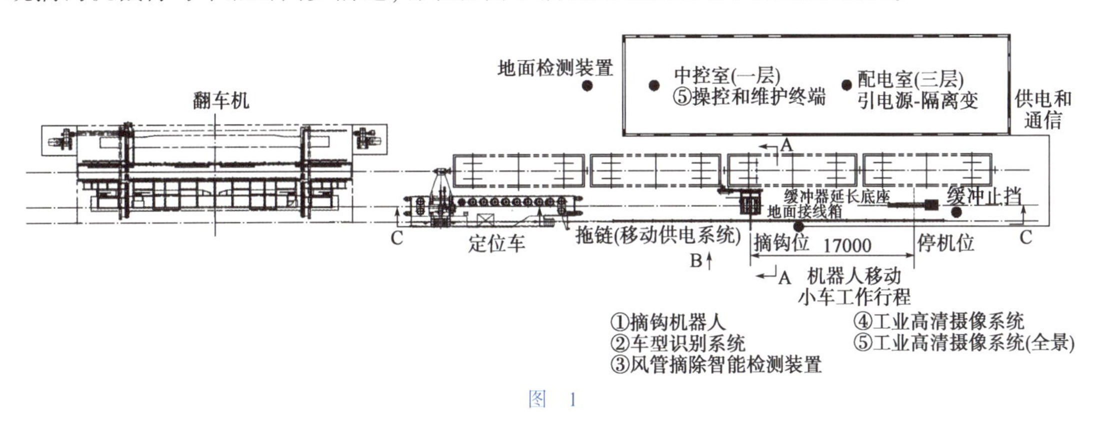

图 1

2.列车车型识别研究

前期调研时发现现场装有铁路车号识别系统，但该系统未提供数据接口，无法采集车型数据，同时考虑到车底标签安装的前后位置不同，会对自动摘钩系统的自动切入点产生影响，因此决定采用视频识别的形式，在翻车机北侧选取合适位置，布置高清摄像头，实时采集车厢照片，并进行二值化处理，与数据库进行对比后，准确识别出到港车型，从而为后续摘钩动作路径选择提供参考（图2）。

图 2

因为自动摘钩系统只需识别车型,所以视频采集时可过滤大部分无关信息的干扰,有效提高了车型识别的准确性和稳定性。

3. 摘钩动作路径研究

日照港到港车型主要为 C80、C70、C64 三类,不同车型的车钩位置、摘钩方式、手柄状态和手柄形状均不相同,如 C70 车型的手柄处存在凹槽,摘钩时先上提再旋转手柄,而 C80 和 C64 车型可直接旋转,因此需要针对接卸的不同车型,定制化不同的摘钩动作路径,同时对手柄的抓握点和摘钩力矩进行反复调整和试验,不断提高自动摘钩的成功率(图 3)。若单次摘钩失败后,可自动对摘钩路径和摘钩力矩进行微调,再次尝试摘钩,有效减少了人员干预程度。

不同类型敞车摘钩面临的状况

敞车类型	图号	车钩位置	摘钩方式	手柄状态	手柄形状
C60系列	a)	高	旋转	竖直	末端弯曲
C70系列	b)、c)	低	上提+旋转	前倾/后倾	直杆
C80系列	d)	低	旋转	前倾/后倾	直杆

a)

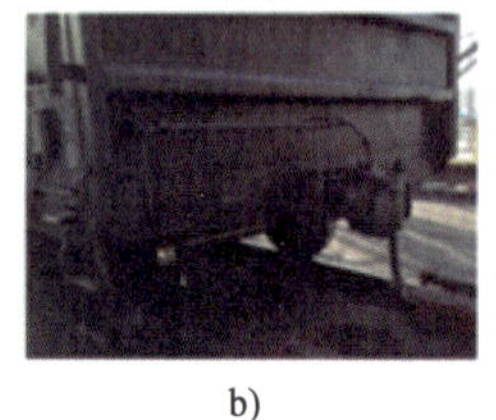
b)

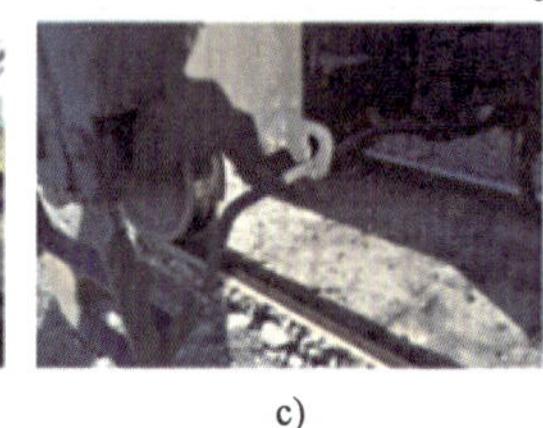
c)

d)

e)

图 3

4. 手柄定位研究

精准定位手柄的实际位置是准确、高效地完成摘钩动作的前提,我们在机器人小臂头部设计安装了两套二维雷达检测系统,分别扫描水平和竖直两个基准平面,并将反馈的数据点阵拟合成一条直线,通过直线数据判断手柄横柄和竖柄的实际位置;再通过算法建立手柄所在平面的坐标系,精准定位手柄的每一点的实际位置。确认抓握点后,驱动伺服电机准确定位(图 4)。

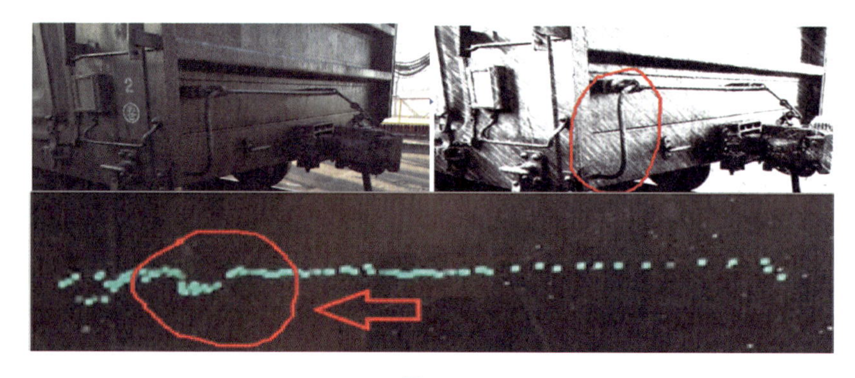

图 4

另外，雷达具有测距功能，能对手柄、周围爬梯和横撑等干扰物体进行有效的区分，保证了识别的准确性，增强了系统的抗干扰能力。

四、成果使用方式

本项目应用后可完全替代人工作业，无论从员工安全的角度出发，还是从经济效益的角度出发，都具有极其重要的意义。本项目适用于所有需对火车车厢进行解列操作的应用场景，包括但不限于翻车机流程作业，是“机械化换人、自动化减人、智能化无人”的典型应用，具有较高的推广价值。

田振东劳模创新工作室简介

田振东劳模创新工作室(以下简称“工作室”)成立于2013年3月,成员55名,其中核心成员11名,分设8个创新小组,由基层站队技术骨干担任组长。工作室以研创为核心,整合优势资源,根据干散货作业特点,开展全流程自动化无人化、智慧系统研发等技术创新,充分发挥劳模工匠示范引领作用,促进成果向生产力转化,实现课题创新攻关、优化生产工艺、新产品开发应用和高技能人才培养(图5)。

图 5

一、加强精细化管理,创建“电小二”维修服务品牌

工作室以“自主维修、精细管理”为主线,创建“电小二”维修服务品牌,推行“4全、3化、2基”管理模式,在港口生产中发挥了重要作用;推行设备检修“一键校准法”,编写《港口电气设备维修实用手册》。

二、加强课题攻关,解决生产难题

工作室取得创新成果奖励95项、国家专利141项。其中,“皮带机顺煤流启动工艺”使皮带机启动空运转时间缩短80%,每年节约电能110万kW·h;“改进堆料机操作方式”“翻车机机器人自动清车系统设计与应用”“翻车机自动摘钩系统的设计应用”等创新课题,累计节约维修费用4800万元。

三、创新培训方式,提高技术水平

建立完善的技能人才培养、选拔和激励制度,开展“树名师、带高徒”、双师“大讲堂”等活动。工作室成立至今,25人分别荣获首席技师、工匠、技术能手等称号。

工作室在提升员工职业素养、破解各类难题、推广先进技术等方面攻坚克难,努力打造成公司的智囊团、岗位的创新源、项目的攻关队、人才的孵化器和团队的风向标,为港口的创新发展做出了应有贡献。

案例十：舱内监控及通信全覆盖系统研究与应用

所属单位：山东港口烟台港集团有限公司

创新团队：于新国创新工作室

创新成果：舱内监控及通信全覆盖系统

一、研究背景

在散货船舶装卸时，由于岸边设备大型化，作业半径广、舱内盲区多，一直以来都需要配备专职指挥手在船舶甲板辅助作业，主要工作是通过固定的手势，辅助引导岸基设备操作人员准确、安全地抓取货物，确保装卸环节顺畅、高效、安全。随着近几年人力成本提升，增加了港口的生产成本，同时传统的安全管控也不能满足港口自动化发展要求，本项目通过对舱内通信全覆盖及监控系统的研究与应用，进一步提升了卸船的效率，降低了人员劳动强度，实现了设备本质安全。

二、研究内容

为了完成山东港口各类散货船舶作业舱口无人指挥系统，攻克散货船舱内信号屏蔽难题，并将作业信号实时回传，使得操作人员、岸边设备能够了解作业动态，用于实现散货船舶舱口无人指挥作业，针对不同船舶船舱的需求，提供便携式的、可移动的、可持续扩展的、可伸缩至舱内的、高适配度的、信息实时传输的监控系统。

在2021年自主研发出的第一代舱口通信装置的基础上，对系统进行全面的优化和完善，新系统对摄像头进行了全面升级，不仅实现了可伸缩长度、可调整角度、可变换镜头功能，还支持全彩夜视、超长待机、5G通信技术、移动电源便捷式换电等实用性功能。在轻量化、性能和稳定性上有了明显提升，现已完成矿石公司28台门式起重机的安装应用，该设备的顺利投用，应用效果良好、系统画面清晰、实时性高、系统稳定，有效降低了作业人员安全风险，得到操作人员的高度认可。

研究目标一：实现舱内通信覆盖，可将通信指令、视频信号等信息通过网络传回，建立实时通信网络。系统应确保带宽10M以上，组网简单，传输稳定、可靠。系统采用5G网桥模式，通过可调节云台转换 5G 网桥的固定角度,实现最佳信号传递,结合点对点或点对多点组网方式,确保高带宽、高速率信息传输。

研究目标二:实现舱内无死角监控,将摄像头延伸至舱内查看舱内全貌,适应所有不同船型。系统监控录像资料回放不能低于 15d,系统采用红外可变焦防雨摄像头,广角达到 130°以上,视野范围广阔;云台水平视角达到 350°以上,垂直视角范围为 0 ~ 90°,可通过摇杆键盘控制;具备 AI 能力;支持镜像功能;具有大广角,可高清拍摄船舶舱内情况。

研究目标三:实现设备轻量便携,可移动,自带电源、全天候作业等需求功能。系统可在夜晚、白天、风、云、雨等多种天气情况下使用;设备可以稳定、固定安装在舱口四周任意位置、随取随用、随放随用,实现可移动式便捷安装;可以将摄像头伸入船舱,灵活适配不同船型,同时适应各种船舱厚度。

研究目标四:设备配备全彩夜视功能,具备全天候使用条件,支持白天、夜晚和雨天等不同气候条件下无障碍使用;支持室外光线变化,如白夜、明暗光线变化;可用于多种光线照射角度与多种光源下运行;支持多货种散货船舶舱内监控。画质清晰、可靠;视频流传输延迟不超过 400ms;视频传输过程中无噪声和非线性失真叠加,基本不受外界温度变化影响,保证视频高质量传输与远距离传输。

三、专业术语

1. 网关

网关(Gateway)是指不同协议间编码和解码及传输数据的网络交换设备。

2. 5G

第五代移动通信技术(5th Generation Mobile Communication Technology,5G)是具有高速率、低时延和大连接特点的新一代宽带移动通信技术。

3. 无线网桥

无线网桥(Wireless Bridge)即无线网络的桥接,它利用无线传输方式实现在两个或多个网络之间搭起通信的桥梁。无线网桥从通信机制上分为电路型网桥和数据型网桥。

4. 数字硬盘录像机

硬盘录像机(Digital Video Recorder)即数字视频录像机,也被称为 DVR。它是一套进行图像存储处理的计算机系统,具有对图像、语音进行长时间录像、录音、远程监视和控制的功能。

5. 网络电缆

网络电缆(Network Cable)即网络线缆,是网络连接线,从一个网络设备连接到另外一个网络设备传递信息的介质,是网络的基本构件。

6. 云台

云台(Tripod head,Gimbal)是手机、运动相机、专业相机和摄像机的支撑平台。

7. 四维

四维(Four-dimensional),即 4 个维度,是一个空间概念。物理学中以维度来形容时空坐标的数目。

8. 控制器

控制器（Controller）是指按照预定顺序改变主电路或控制电路的接线和改变电路中电阻值来控制电动机的启动、调速、制动和反向的主令装置。控制器由程序计数器、指令寄存器、指令译码器、时序产生器和操作控制器组成。控制器是发布命令的“决策机构”，即完成协调和指挥整个计算机系统的操作。

9. onvif 协议

onvif 协议（Open Network Video Interface Forum Agreement）涵盖了设备发现、设备配置、事件、安防监控器材（PTZ）控制、视频分析和实时流媒体直播功能，以及搜索、回放和录像录音管理功能。

10. 传输控制协议

传输控制协议（Transmission Control Protocol）是一种面向连接的、可靠的、基于字节流的传输层通信协议。

11. 浏览器/服务器

浏览器/服务器（Browser/Server，B/S）架构是一种软件系统体系结构，客户端不需要安装专门的软件，只需要浏览器即可。

12. 点对点通信

点对点通信（peer-to-peer）（简称 P2P），又称点对点技术，是无中心服务器、依靠用户群（peers）交换信息的互联网体系。

13. 点对多点通信

点对多点通信（point to multipoint communication）是通信领域的术语，是指通过一种特定的一对多的连接类型的通信，从单一位置到多个位置提供多个信道。点对多通信经常缩写为 P2MP、PTMP 或者 PMP。

14. 球形摄像机

球形摄像机（Dome Cameras）是由摄像机、自动光圈镜头、密封性能优异球罩和精密的摄像机安装支架组成的球形摄像机。

15. 网络架构

采用 5G 网桥实现船舶舱内信号全覆盖，实现监控数据实时传输，采用点对点或点对多点通信。

四、科技创新点

创新点一：机身轻便、高度可调、适应不同船型。

重构设计方案，引入碳纤维新材料和新模块，以降低机身质量。根据不同船型，通过升降控制器实现镜头的自由伸缩,使摄像头深入船舱内部减少因舱口遮挡产生的摄像死角,大型船舶舱内边角的货物、清舱设备位置等信息均能清晰地显示(图1)。

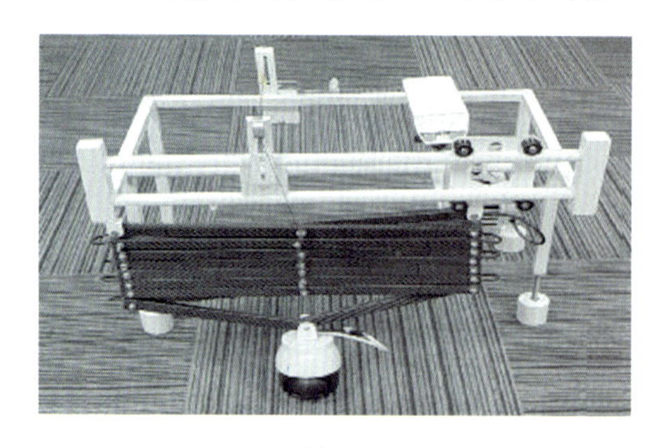

图 1

创新点二:便于安装操作、定位简单、画面无须设置。

每个舱口只需一次定位即可完成全程作业,可根据舱内清舱设备位置、视觉习惯,操作人员远程一键式切换视角,满足不同人员操作习惯。

创新点三:采用5G通信技术,组网快、施工简单。

选用5G通信模块,能够速度组网,实现高宽带、低延时高清视频画面传输,负责为舱内清舱设备和舱口监控提供全覆盖的无线网络支持,具有布设方便、穿透性好、网络延时低的特点,同时将舱内工况通过视频信号实时回传。

创新点四:封闭式防水防尘、永磁固定、续航长。

配备永磁支腿,稳固稳定;功耗低,续航寿命更长,自带电池可连续作业长达18h以上;封闭式设置,防水防尘;适应恶劣天气。

五、结语

项目研发旨在能够有效降低船舶看护人员配置和作业风险。项目应用后,每条船指挥作业人数由“每个舱口需要登轮1人”减少至“视船舶大小安排1~2人”,并可实时反馈“自动化卸船作业”与“远控清舱设备”舱内配合状况,真正实现了“减人增效”,每个泊位年节省成本150余万元,每年预计总节省人工费用300余万元。彻底解决了散货舱内信号屏蔽难题,打通了舱内设备与中控室直接的信息通道,可以将设备动态信息、故障信息等实时回传,做到各方动作指令的交互,为港区设备智能化改造解决了通信难题。

该项目的研发成功,可有效改善人员劳动环境、减少人工成本、降低设备作业风险。并可解决舱内通信难题,为港区自动化改造提供技术支持。在国内类似港口具有较强的推广应用价值。

于新国创新工作室简介

于新国创新工作室(以下简称“工作室”)成立于2020年10月,成立的主要目的是把有一定专业知识、技术才能和创新能力的人才汇聚在一起,抓住“创新”这一主题,凝聚团队智慧,普及先进的创新理念、技术、方法,带动专业技术人员并且提高素质,围绕公司降低成本、节能降耗、工艺革新、安全生产、绿色发展、智能港口等主题,组织研发创新项目、攻关技术难题、排除疑难杂症、开展职工技能培训和各类技术交流等活动,解决港口发展中遇到的瓶颈,助力港口发展(图2)。

图 2

工作室现有骨干成员24人,其中正高级工程师1人、高级工程师12人、工程师9人、首席技师2人;研究生学历3人,本科18人,平均年龄35岁。工作室获颁交通运输部“自动化码头技术交通运输行业研发中心(山东港口烟台港研发基地)”,2021年被评为山东省感动交通“十大年度人物”榜首、山东省水运系统劳模和工匠人才创新工作室等称号,获评烟台市“时代楷模”称号。

团队参与的项目先后获得了山东省科学技术奖1项、烟台市科技成果奖3项、中国港口协会科技成果奖13项、全国水运系统职工岗位创新成果1项、山东省交通行业职工创新创效科技成果奖1项、山东省职工创新创效竞赛省级决赛3项、山东省港口集团科技创新成果奖4项、山东省港口集团管理创新成果奖1项、烟台市职工优秀创新成果奖2项、烟台港集团科技成果奖42项、取得专利31余项、软件著作权6项、发表科技论文20余篇,另外入选山东省企业技术创新项目2项。

案例十一：高性能自修复海港混凝土关键技术研究与工程应用创新成果应用解析

所属单位：山东港湾建设集团有限公司日照分公司

创新团队：协砼创新团队

创新成果：高性能自修复海港混凝土关键技术研究与工程应用

一、研究背景

钢筋混凝土结构被广泛应用于海港码头，在海洋环境下，由于氯盐环境中的氯离子侵蚀可以引起钢筋的快速锈蚀[1-3]，使得海工混凝土建筑寿命极大地缩短，为了保证海工混凝土结构的耐久性和安全性，实现最大的经济效益和社会效益，防腐蚀措施的研究迫在眉睫[4]。在海洋环境条件下，表面防护技术是延长钢筋混凝土结构服役时间[7]，提高其耐久性的一个常用手段，但在恶劣海洋环境条件下，表面涂层容易开裂、老化、受生物污损而失去保护效果。本项目将渗透结晶型材料引入海工混凝土外加剂生产中[5-6]，应用于海工混凝土防护中，弥补传统防腐手段缺陷，促进海洋防腐行业发展及技术进步[7]。

二、成果效益

本项目涉及高性能自修复海港混凝土关键技术研究与工程应用，该技术满足海洋环境下混凝土构筑物防腐需要，可有效延长海港混凝土使用寿命，已经成功在日照港木片码头、山钢矿石码头、30万t油库二期工程进行了应用，新材料安全环保、成本低、施工简便，经现场检测和推测可有效延长海工混凝土结构寿命20年以上，有效提高了码头混凝土结构的安全性，保障了码头的正常作业。

累计生产高性能自修复海工混凝土44377.28m^3，累计预制A型沉箱15个，B型沉箱15个，工程造价合计11972.43万元，设计寿命50年，经评估新材料可有效提高码头混凝土结构寿命20年以上，节约建设资金11972.43万元×20年÷50年=4788.97万元。自主研发生产的产品成本仅为市售产品三分之二，但具有市售产品不可比拟的优势：能保证减水效果；具有防腐自修复效果，产品绿色环保，不存在老化问题，施工简便；可以自修复0.4mm以下微裂缝；可以很好地增强混凝土本身的抗渗及抗冻融效果，自修复水穿透及冻融损伤后的混凝土结构；能够很好地延长混凝土的使用寿命。因此，它具有非常好的市场竞争力。

本项目涉及已授权国家专利7项，其中国家发明专利2项。本项目科技成果获得2022年度山东省职工创新创效竞赛一等奖。

三、成果研制

1. 渗透结晶材料自修复机理

水泥基渗透结晶材料主要通过晶体的形成，堵塞混凝土毛细孔道，从而起到防水和自修复的作用。当微裂缝出现时，活性物质可以重新被水激活，在微裂缝处发生反应，填补裂缝从而起到自我修复的效果[5]。

本项目通过扫描电子显微镜（图1）对不同养护时间混凝土结构内部的各种晶体形成进行研究，推测出水泥基渗透结晶材料防水机理如下：渗透结晶材料中的核心-活性物质容易溶解于水中，随着水分子的扩散，活性物质会不断地深入混凝土内部，填充毛细孔道和部分缺陷，并与混凝土内部离子反应形成溶解度更小的晶体，堵塞孔道，伴随着水分的消失，活性物质也会析出固体密实混凝土结构，此时活性物质处于休眠状态（图2）。活性物质的溶解-渗透-结晶过程与溶解-渗透-反应-结晶两种过程同时存在，两种过程都密实了混凝土内部结构，从而起到整体防水的作用。其自修复机理主要体现在：新的缺陷的形成（微裂缝）和有水存在这两个前提条件，在有水的情况下自结晶的活性物质会溶解于水中，随着水分子扩散到缺陷处，继续进行自结晶和反应结晶的过程，从而填补缺陷，起到自修复的作用。

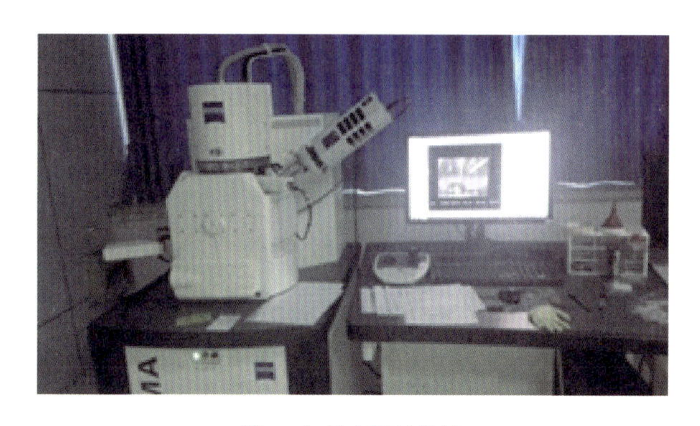

图1　扫描电子显微镜

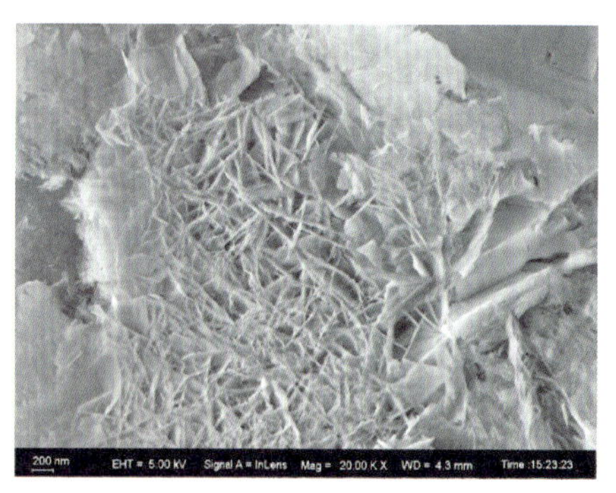

图2　活性物质反应产物在混凝土中的微观形貌

2. 新材料自主合成

作为水泥基渗透结晶材料的核心活性物质，在试验室进行了合成试验（图3），主要通过F酸与碳酸钠按照摩尔比1∶1反应或与氢氧化钠按照摩尔比1∶2反应合成F盐，由于F酸常温下在水中的溶解度非常小，试验过程主要采用的是热水溶解与反应-真空蒸发结晶的方式，分别对反应温度、加入次序、反应量、反应时间、真空蒸发温度进行了优化。然后对自主合成的水泥基渗透结晶材料的防水和自修复机理进行研究，通过溶解结晶和反应结晶解释其在混凝土内部的作用，对涂装完渗透结晶材料涂层的黏附力和混凝土本身的性能进行了测试后，验证了自主研发的水泥基渗透结晶材料具有很好的密实混凝土的能力，可以起到很好的防护效果，对提高海港混凝土耐久性有很好的帮助，自主研发的产品可以达到国外进口同类产品的水平（图4、图5）。

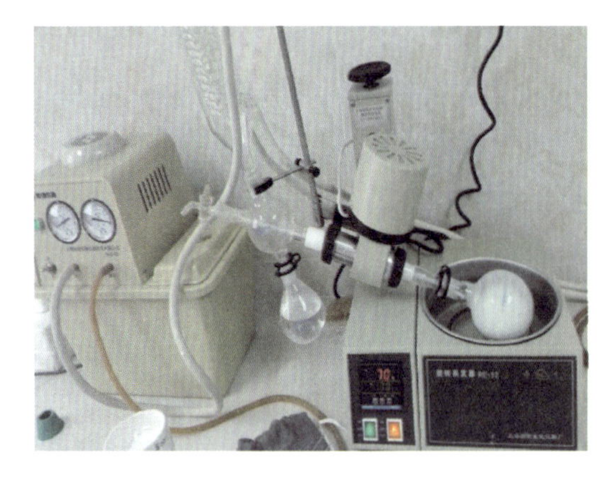

图3　核心活性物质试验室合成试验

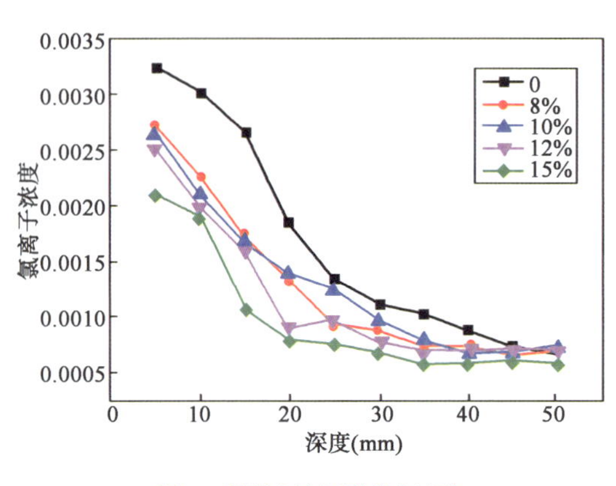

图4　混凝土涂层附着力试验

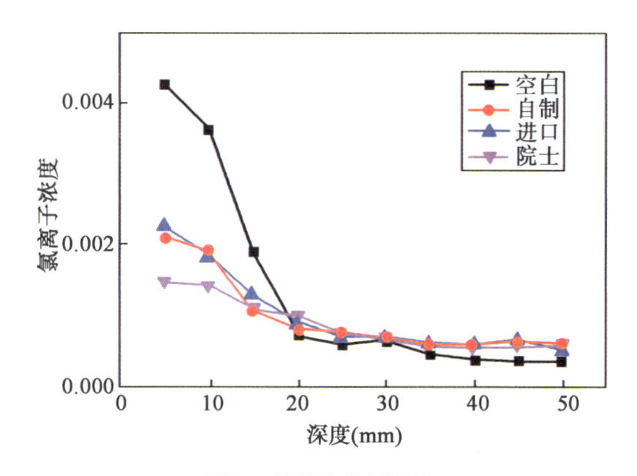

图5　混凝土抗压试验

对试验室自主合成的渗透结晶型材料各项性能进行了考察，并分别与同类进口产品及成膜型产品进行了比较，通过试验发现，试验室自制产品微观形貌与进口产品一致，28d后活性物质可以渗透到混凝土内部100mm以上的距离，整体防水，表层破坏和生物破坏不影响整体防护能力；产品的使用可以将混凝土的吸水率降低30%左右；产品对砂浆抗折抗压能力增强15%～31%，混凝土抗折抗压能力增强3%～10%，增强效果随混凝土自身抗折抗压能力的增强而减小；产品的使用可以使砂浆的抗渗压从0.4MPa提高到1.0MPa以上，符合国家标准规定（大于0.7MPa），可以将普通C30混凝土渗透压提高到2.0MPa以上，去除涂层后渗透压不受影响，进一步证明了渗透结晶型材料的整体防护能力，涂层表面破坏不影响整体防护效果；通过近半年的氯离子浸泡试验发现，渗透结晶型材料可以明显地降低海水中氯离子的渗透速率（图6、图7）；根据寿命预测计算，渗透结晶型材料的使用可以使海港混凝土整体使用寿命提高20年以上，基本与有机类涂层设计寿命持平。

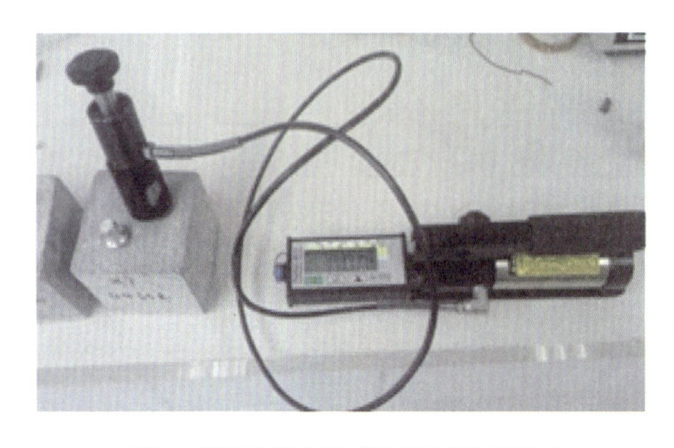

图6　活性物质含量对氯离子含量的影响

图7　不同表面处理对氯离子含量的影响

将自制产品和进口自制产品与进口产品处理后的混凝土块显微照片放在一起，对其效果进行了对比，图8、图9是上述两种产品处理后的混凝土局部放大照片。从图中可以看出，两种产品处理后的混凝土在缺陷处都存在了较多的晶体，证明了自主研发的产品与进口产品防水机理相似，也能起到良好的防水防护效果。

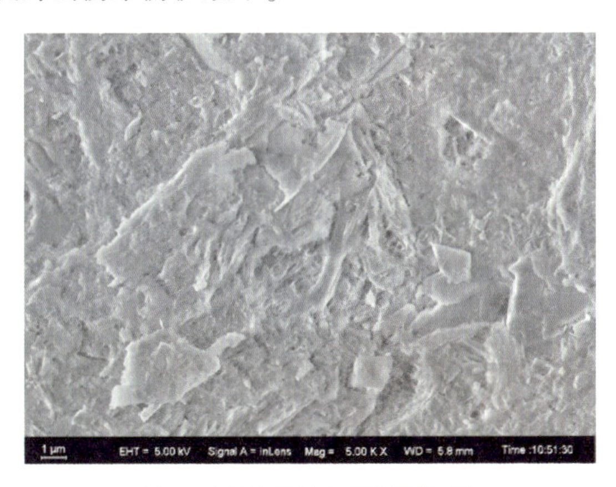

图8　自制产品处理后的混凝土块

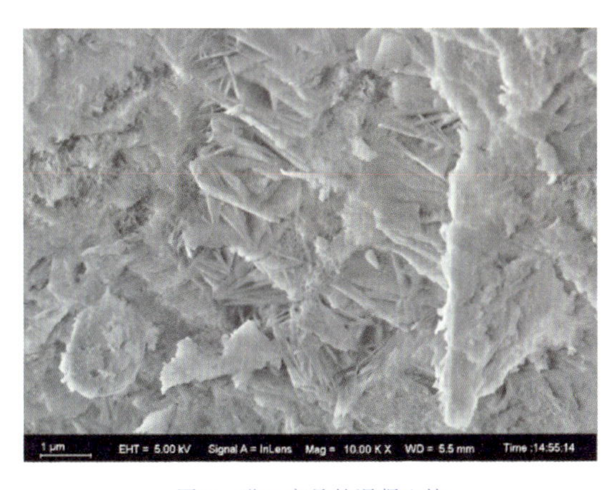

图9　进口产品的混凝土块

四、工程推广应用

本项目成功在日照港木片码头、山钢矿石码头、30 万吨油库二期工程进行了应用，新材料安全环保、成本低、施工简便，经现场检测和推测可有效延长海工混凝土结构寿命 20 年以上，有效提高了码头混凝土结构的安全性，保障了码头的正常作业（图 10、图 11）。

图 10　渗透结晶材料施工情况

图 11　渗透结晶材料应用情况

本案例参考文献

[1] 侯保荣. 海洋钢筋混凝土腐蚀与修复补强技术[M]. 北京：科学出版社，2012.

[2] 孔玮，田惠文，李伟华，等. 某重力墩式码头耐久性调查检测及寿命预测[J]. 水运工程，2010(10)：50-53.

[3] 侯保荣. 海洋钢结构浪花飞溅区腐蚀防护技术[J]. 中国材料进展，2014，33(1)：26-31.

[4] 金祖权，侯保荣，赵铁军，等. 收缩裂缝对混凝土氯离子渗透及碳化的影响[J]. 土木建筑与环境工程，2011，33(01)：7-11.

[5] 陈光耀. 水泥基渗透结晶型防水剂及其裂缝自修复性能的研究[D]. 广州：华南理工大学，2010.

[6] 叶林标. 建筑防水涂料[J]. 现代涂料与涂装，2001(5)：16-18.

[7] 金伟良，赵羽习. 混凝土结构耐久性[M]. 2 版. 北京：科学出版社，2014.

协砼创新团队（创新工作室）简介

山东港湾建设集团有限公司日照分公司协砼创新团队(创新工作室)(以下简称“工作室”)于2019年1月组建,共有成员9人,既有引进的高层次人才,也有深耕一线20余年的技术人员,组建以来依托港湾生产施工实际,围绕混凝土和新型建材,确立了5个前沿方向的研究、技术开发和工程应用工作:海工混凝土腐蚀与防护、资源综合利用、混凝土原材料质量检测、化学添加剂产品及技术、新材料/新产品(图12)。

图 12

工作室成立以来,获得国家级专利授权14项,完成具有自主知识产权产品和技术10余项,成果转化创造产值近亿元;发表论文、取得各项荣誉和成果40余项,团队及成员先后获得山东省优秀管理小组二等奖、日照市发明专利一等奖、山东港口科技创新成果奖三等奖、日照市建筑业表现突出生产者、全省住建系统重点工作攻坚改革创新标兵、山东港口职业技能大赛先进个人、山东港口“最美山东港口人”山东港口一体化改革发展突出贡献个人、2022年度山东省职工创新创效竞赛省级决赛一等奖、山东港口集团科技创新英才、日照工匠等成果和荣誉称号。

案例十二：港口大型机械防阵风装置研制创新成果应用解析

所属单位：马鞍山港口(集团)有限责任公司

创新团队：马鞍山港口集团创新团队

创新成果：港口大型机械防阵风装置研制(图1)

图 1

一、研究背景

长江流域突发性强阵风属于常见的气候现象。大型港机设备在遭遇突发性沿轨道方向阵风时，迎风面积大，极易被吹动，存在倾覆的风险。本项目研究和开发与行走机构传动系统一体化、自动化防阵风安全装置，构建和完善物流库场智慧管理平台机械设备体系，提升平台运行能力和安全系数。

1. 自动水平电动铁鞋

现有的电动铁鞋解除防风提起铁鞋后，铁鞋呈倾斜状态，铁鞋前端离轨道顶面距离很小，若轨道顶面不平或接头处有高低差时，铁鞋前端极易刮到轨道，造成铁鞋损坏。现研发一种自动防阵风装置——自动水平电动铁鞋，实现在阵风来临时能够进行有效的制动，防止大型设备滑移。自动水平电动铁鞋利用平行四边形四连杆原理，使铁鞋在提起或下降过程中始终处于水平位置，从而能够避免铁鞋损坏，能有效应对突发阵风，提高设备的防风抗滑能力，从而保障设备的防风安全。

2. 自动增力双钳夹轨器

现研发一种自动防阵风装置——自动增力双钳夹轨器,实现在阵风来临时能够进行有效的制动,防止大型设备滑移,并且能根据设备承受的风力实时响应,提供防风抗滑力,若风力越大,自动增力双钳夹轨器能够提供的轨道夹紧力就越大,抗风防滑摩擦力就越大,能有效应对突发阵风,提高设备的防风抗滑能力,从而保障设备的防风安全。

二、成果效益

基于项目成果,获得实用新型专利两项(专利名称:一种铁鞋的升降装置,专利号:ZL202020748848.3;专利名称:一种夹轨器及自动增力夹轨系统,专利号:ZL202020940053.2)。

该装置投入应用后,杜绝了港口大型设备受阵风影响而产生的滑移现象,实现一键防风、主动防风,港口大型设备全气候条件下的安全生产能力显著提高,有力保障了物流库场智慧管理平台平稳安全运行。

三、成果研制

1. 自动水平电动铁鞋

(1)设计思路。

①利用电动铁鞋进行自动防风。

②利用电动推杆驱动铁鞋提起或下降。

③利用平行四边形四连杆机构的原理,使铁鞋提起或下降过程中始终处于水平位置。

(2)设计方案。

①设计一自动水平电动铁鞋,由电动推杆、主动杠杆、从动杠杆、铁鞋、补偿装置及结构件等组成。

②A、B、C、D 4 个铰点组成平行四边形,利用平行四边形四连杆机构的原理,使铁鞋提起或下降过程中始终处于水平位置。

③当需要进行防风时,电动推杆推动主动杠杆,带动从动杠杆,使铁鞋塞到车轮下。

④当风力推动车轮滚动时,车轮爬上铁鞋,此时补偿装置补偿车轮与铁鞋之间水平及垂直距离的变化,铁鞋阻止车轮继续滚动,起到防风作用。

⑤当需要解除防风时,反方向开动设备,使车轮滚下铁鞋后,电动推杆拉动主动杠杆,带动从动杠杆,使铁鞋离开车轮,同时提起一定距离,离开轨道。

(3)设计图见图2。

2. 自动增力双钳夹轨器

(1)设计思路。

①设计一自动夹轨器,随着风力的增加,夹紧力增加。

②采用双钳口,对应的钳口分别设计为椭圆形和方形。

③利用杠杆原理,在电动推杆的作用下夹紧轨道。

④当设备受风影响移动时,椭圆钳口滚动,钳口越夹越紧,夹紧力增加。

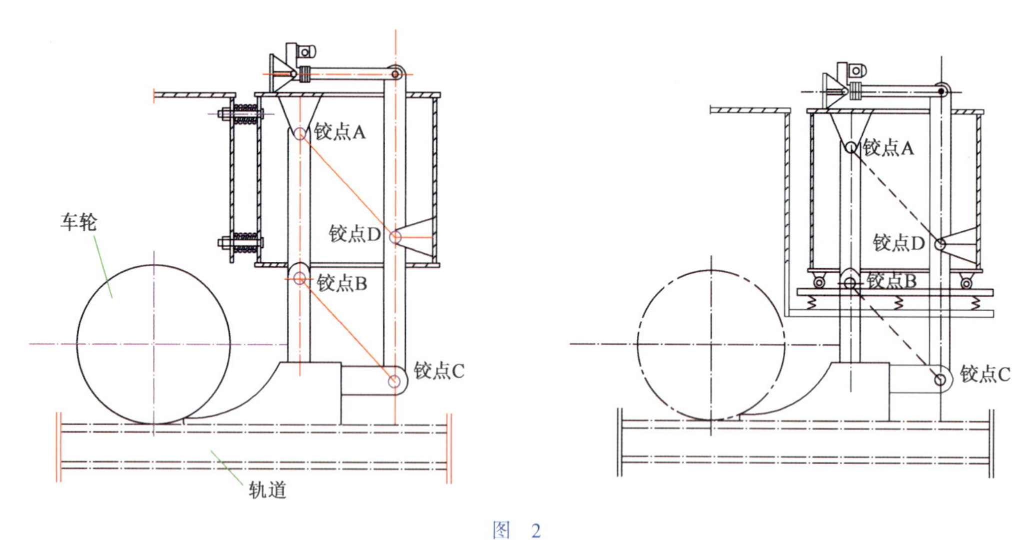

图 2

(2)设计方案。

①设计一自动增力双钳夹轨器,由电动推杆、杠杆系统、钳臂、方形及椭圆形钳口、联系杆及结构件等组成。

②当需要防风时,电动推杆向下推动杠杆系统,当下降到联系杆下端接触到轨道顶面时,电动推杆再向下推动使钳口闭合,夹紧轨道。

③当设备在风力作用下移动时,两只椭圆形钳口绕其铰轴旋转,夹紧力增加。

④同时,同侧椭圆形钳口和方形钳口绕铰轴转动,起到别轨器作用,防风能力进一步提高。

⑤当需要解除防风时,电动推杆向上推动杠杆系统,在杠杆作用下,钳口张开,当钳口张开到最大时,整个夹钳向上提升,离开轨道,解除防风。

3. 设计图

设计图见图3。

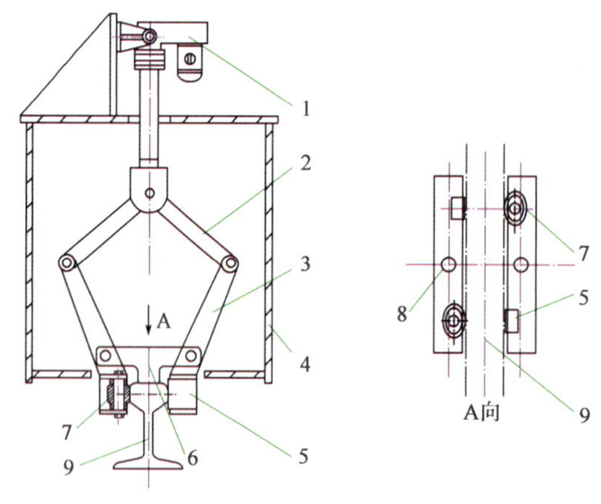

图 3

1-电动推杆;2-杠杆;3-钳臂;4-结构件;5-方形钳口;6-联系杆;7-椭圆钳口;8-铰轴;9-轨道

四、成果使用方式

1. 与作业机械的连接

通过打孔和螺栓连接，将电动铁鞋装置安装在作业机械上。物理连接完成后，安装起升电机，将电动推杆与主动杠杆相连接，将起升电机线路接入作业机械电气线路中，并在操控室中安装控制回路。操作人员可在操控室内通过开关控制电动铁鞋的启停。

2. 测试电动铁鞋的功能

当操作人员在操控室打开开关，电机工作电动推杆推动主动杠杆，主动杠杆带动从动杠杆，最后将铁鞋塞到车轮下，完成制动。整个过程流畅无卡顿，丝滑、平顺地完成了电动铁鞋抬起到放下的全过程。

五、成果拓展

1. 改良空间

在使用的过程中，4 个铁鞋虽然都可以放到车轮下，但是并不是每个铁鞋都是同一时间放入，这会造成时间的延误，当台风的风级过大，4 个铁鞋一同放入车轮底下才能实现最节省时间和防阵风效果最好。需要针对这个瑕疵再进行新一轮的研究与讨论，克服这个问题，使得电动铁鞋能在最短时间内完成制动。

2. 推广性

集团公司拥有集装箱起重机、龙门式起重机、门式起重机、卸船机等众多港机设备，因此可考虑电动铁鞋和自动增力双钳夹轨器这两个自研产品往其他设备上进行延伸推广。

马鞍山港口集团创新团队简介

一、团队负责人

吴华兵,1973 年 11 月生,本科学历,高级工程师,现任马鞍山港口(集团)有限责任公司机电公司经理。获得实用新型专利授权 10 余项,获得 2021 年中国港口科技进步奖二等奖。

二、团队成员

徐正宏,1985 年 8 月生,本科学历,高级工程师,现任马鞍山港口(集团)有限责任公司机电公司副经理。获得实用新型专利授权 10 项,获得 2015 年、2021 年中国港口科技进步奖二等奖。

羊明富,1981 年 4 月生,本科学历,工程师,现任马鞍山港口(集团)有限责任公司人头矶港务公司副经理。获得实用新型专利授权 1 项,获得 2021 年中国港口科技进步奖二等奖。

付维安,1981 年 8 月生,本科学历,工程师,现任马鞍山港口(集团)有限责任公司技术设备部副经理。获得 2021 年中国港口科技进步奖二等奖。

范喆,1983 年 8 月生,本科学历,高级工程师,现任安徽港口集团涡阳有限公司总经理。获得实用新型专利授权 8 项,获得 2021 年中国港口科技进步奖二等奖。

团队主要成员见图 4。

图 4

案例十三：环保型微粉装船机创新成果应用解析

所属单位：马鞍山港口（集团）有限责任公司

创新团队：马鞍山港口集团创新团队

创新成果：环保型微粉装船机（图1）

图 1

一、研究背景

马鞍山港口（集团）有限责任公司承接马钢嘉华微粉装船外发业务，主要设备为一台胶带机微粉装船机，该设备于2005年制造安装完成投入使用，该微粉装船机安装在趸船上，通过胶带机系统进行装船。该微粉装船机主要技术参数如下：设计船型1000t舱口驳，额定生产效率300t/h，装机功率136kW，伸缩溜筒行程3200～6200mm，甲板以上最大净空高度为1720mm，水面至趸船甲板高度1.2m。其装船工艺流程：后方输送机—漏斗—装船机上皮带机系统—伸缩溜筒—舱口驳。在该微粉装船机的尾部漏斗处和伸缩溜筒处设置有收尘点，用于抑制微粉扬尘。由于皮带机系统无法完全封闭，虽配置有除尘系统，但仍不能有效抑制扬尘，工作一段时间后，趸船甲板面上就会有飘落的微粉。当前，社会对环保的认识和要求逐渐提高，港口绿色发展是当前港口转型升级的深刻革命。为践行绿色发展理念，打造平安绿色港口，本团队决定对该微粉装船机进行环保改造。

1.环保要求

微粉立磨机出料粒度一般为80～325mesh/（47～198μm），较细出料粒度达到650mesh

(20μm)。由于微粉粒度极细,极易吸附在胶带上,合金清扫器、滚刷清扫器等常用清扫器不能清扫干净,造成返程胶带上吸附的微粉在重力及风力的作用下掉落引起扬尘,尤其是经过托辊、滚筒时,引起的扬尘更大。若胶带使用时间稍长,胶带表面有细小裂纹,微粉扬尘就更加严重。由于装船机皮带机配重滚筒、驱动装置等安装位置的影响,无法做到完全密封。所以,现有装船机不能满足环保要求。

2. 船舶大型化需求

该微粉装船机原设计船型为1000t舱口驳,随着船舶运输市场的变化,船舶越来越大型化,根据客户提供的船型资料,微粉散装船的最大船型达到3000t。该微粉装船机主要技术参数如下:

最大船宽13.2m,型深5.8m,空载吃水1.1m,甲板以上围板高度1.3m。所以,该船空载时舱口处水面以上的高度为6m。根据现装船机技术参数,其水面以上最大净空高度为2.92m,不能满足3000t船水面以上6m的高度要求。

3. 罐装微粉船需求

散装船虽然有货舱盖,但在装船过程中,货舱盖需要打开,装船过程中不能完全密封,仍会产生少量扬尘。同时,在运输途中,由于货舱盖不能完全密封,也会产生扬尘。随着环保要求的提高,散装微粉船将会越来越少,罐装微粉船将越来越多。但现有装船机没有罐装船接口,无法进行装船,而且现微粉装船机伸缩溜筒下部直径为1150mm,根据客户提供的资料,罐装微粉船进料口直径为440mm,尺寸相差太大,无法在现有基础上进行改造。

二、成果效益

1. 经济效益

(1)改造前,原装船机装机容量136kW。经改造后装机容量99kW,年节约电力消耗7.4万kW·h,节约电费5.18万元。改造前,配置有2名积料、落料清理人员,改造后无须清料人员,节约人力成本约30万元/年。

(2)改造前,2019年1—6月,完成微粉装船22.17万吨,装卸单价7.5元/吨,装卸收入156.9万元(不含税)。改造后,2019年7月—2020年12月,完成微粉装船83.91万吨,装卸单价8.5元/吨,装卸收入672.9万元(不含税)。

按收入的10%计算利润,2019年1—6月利润为15.7万元。2019年7月—2020年12月,因装卸单价增加了1元/吨,利润为

$$\frac{83.91\times7.5}{1.06}\times10\%+83.91\times\frac{8.5-7.5}{1.06}=138.5(\text{万元})$$

微粉装船机改造前后,年均利润增加为

$$\frac{138.5}{1.5}-15.7\times2=60.9(\text{万元})$$

年均所得税增加60.9×15%=9.1万元(高新技术企业减免10%)。

2.社会效益

本项目经国内17个数据库及网上信息资源文献查新，将检索到的文献与本查新课题的查新点对比后，筛选出相关文献5篇，其中密切相关文献2篇（文献1和文献2），密切相关文献1和文献2为本查新课题委托方项目组的研究成果。另外，有2篇涉及装设空气斜槽和提升机的装船机或系统的相关文献报道，有1篇涉及装设提升机或输送机的装船系统的研究的相关文献报道，但是技术方案与本查新点不同。国内公开发表的中文文献中，除了本查新课题委托方项目组的研究成果外，未见与该项目“环保型微粉装船机：将垂直螺旋提升机和空气输送斜槽组合装设于装船机，实现微粉的全封闭输送”技术方案相同的中文文献报道。

(1)解决了微粉装船机的环保问题，促进了港口绿色发展、转型升级，有利于绿色低碳、节能环保港口建设。

(2)消除了粉尘产生的职业性有害因素，保护了劳动者免受职业性有害因素所致的健康影响，促进和保障了劳动者的身心健康。

(3)解决了货物落料的清扫问题，节约了人力成本。

(4)利用该类型设备较原设计节能30%，为国家节能增效做出了贡献。

(5)促进了新技术、新产品的推广应用。

(6)为传统的皮带机装船机环保升级改造提供了借鉴与参考。

3.专利奖项

该项目获2项实用新型专利，获2021年中国港口科技进步奖二等奖。

三、成果研制

项目设计图见图2。

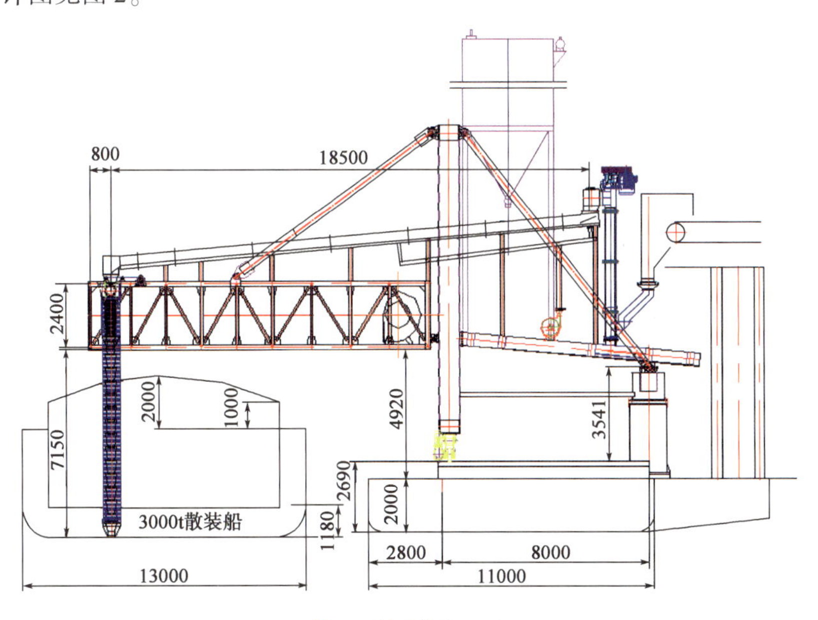

图 2（尺寸单位：mm）

1. 环保型微粉装船机改造工艺

(1)拆除原有胶带机系统、变幅系统、伸缩溜筒及尾部彩钢瓦。

(2)移出原有除尘器、风机、电机等放置于趸船上。

(3)安装垂直螺旋提升机和空气斜槽,在提升机与斜槽之间通过集料箱进行连接,所述的集料箱上部有观察孔,与提升机连接处用橡胶软连接。垂直螺旋提升机提升高度4.75m,空气斜槽安装角度5°,上下盖之间通过螺栓连接,方便拆卸更换空气布。

(4)在供料胶带机漏斗下方设置动静环,动静环中心位置与微粉装船机回转中心一致,圆跳动公差小于5mm。

(5)动静环与垂直螺旋提升机之间安装溜管,为保证微粉顺利流动溜管角度不小于45°。

(6)将除尘器吊装至微粉装船机立柱旁指定位置进行安装,除尘器放料口用卸灰阀与空气斜槽进行连接。

(7)在空气斜槽江侧一端下方安装伸缩溜筒,伸缩溜筒下方配置一套通过法兰螺栓连接的溜筒头,溜筒头分散装头和罐装头,分别对应散装船和罐装船使用。

(8)在空气斜槽落料点和供料皮带机漏斗上安装除尘管,对这两处进行收尘。

(9)在臂架下方和内部加装高清摄像头,便于观察伸缩溜筒运行情况和微粉装船机情况。

(10)为垂直螺旋提升机安装定时润滑系统,每隔4h自动对提升机下定位芯轴进行注油润滑。

2. 电控系统

(1)改造后的装船机利用可编程逻辑控制器(PLC)控制,利用PLC的CPU模块、输入输出模块等,通过检测输入信号的变化,根据编制的内部逻辑程序,产生输出信号,从而对装船机启动、停止、过载、过流、声光报警等信号进行监控,实时监控设备的运行状态,达到系统检测及集中控制的要求。

(2)设计多机构联动控制和单机构单动控制、联锁和手动控制等多种控制方式,各种控制方式之间能灵活、可靠、方便地切换,便于故障及检修时操作。

(3)配置触摸屏人机交互系统,具有强大的信息处理能力,设备运行参数、报警信息、故障记录等数据自动显示、保存,供信息系统随时调用;具有全中文显示、实时警报监视、数据记录等功能;具有故障自诊断记录功能,可以通过PLC程序实现故障自诊断、传输故障点,并发出报警。

四、成果使用方式

(1)检查伸缩溜筒是否收缩到最高位置,如不在,需收缩到最高位置,避免和船干涉。

①操作台右侧手柄(图3)。

②显示屏1:溜筒最高位置(图4)。

(2)大车旋转至装船点。

操作台左侧手柄(图5)。

图 3

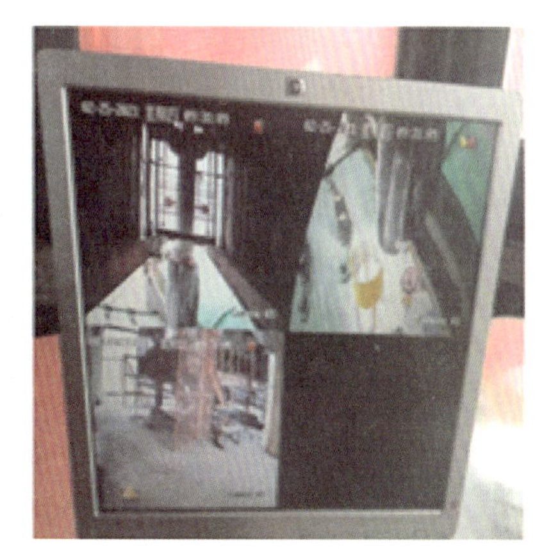

图 4

a)

b)

图 5

(3)启动除尘器。

①转为手动(图6)。

②主风机手动、空压机手动(图7)。

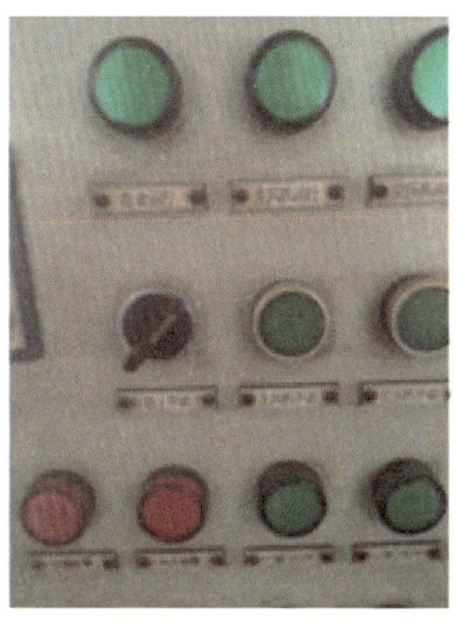

图 6

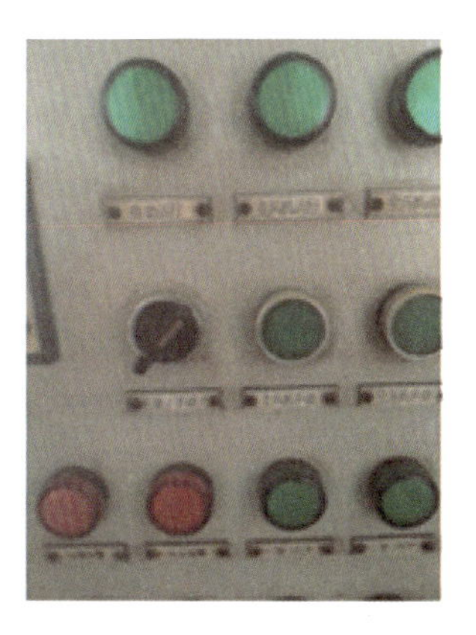

图 7

(4)伸缩溜筒下放至船舶舱底。

①操作台右侧手柄(图8)。

②显示器2(图9)。

图 8

图 9

(5)启动空气输送斜槽、启动垂直螺旋提升机。

①转为自动(图10)。

②操作台皮带机启动(图11)。

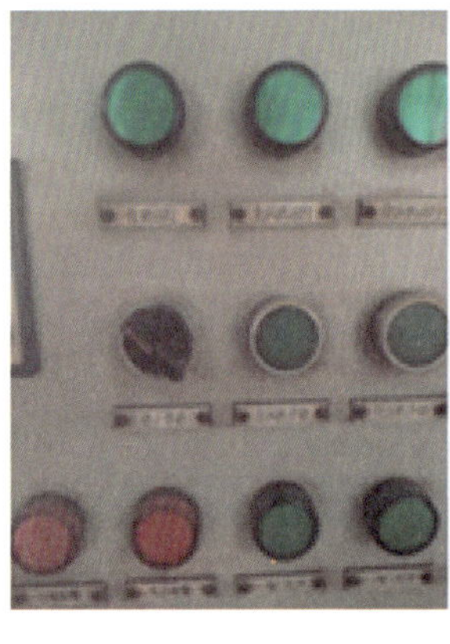

图 10

图 11

(6)启动正常就绪后,通知后方启动后方输送设备,进行装船作业(图12)。

图 12

五、成果拓展

该项目成果有效地解决了中小港口浮式码头微粉装船机的环保问题、适应船型及船舶大型化问题等难题，为在同类港口的微粉或其他粉状物料装船作业方面环保改造提供了借鉴和参考，同时提高了港口的技术水平和保障能力，有利于绿色低碳、节能环保港口建设。该项成果值得在全国范围内，向同样拥有浮式码头微粉或粉状物料作业线的港口企业、机械制造厂推广，具有良好的经济效益和社会效益。

马鞍山港口集团创新团队简介

一、团队负责人

吴华兵,1973年11月生,本科学历,高级工程师,现任马鞍山港口(集团)有限责任公司机电公司经理。获得实用新型专利授权10余项,获得2021年中国港口科技进步奖二等奖。

二、团队成员

徐正宏,1985年8月生,本科学历,高级工程师,现任马鞍山港口(集团)有限责任公司机电公司副经理。获得实用新型专利授权10项,获得2015年、2021年中国港口科技进步奖二等奖。

羊明富,1981年4月生,本科学历,工程师,现任马鞍山港口(集团)有限责任公司人头矶港务公司副经理。获得实用新型专利授权1项,获得2021年中国港口科技进步奖二等奖。

付维安,1981年8月生,本科学历,工程师,现任马鞍山港口(集团)有限责任公司技术设备部副经理。获得2021年中国港口科技进步奖二等奖。

范喆,1983年8月生,本科学历,高级工程师,现任安徽港口集团涡阳有限公司总经理。获得实用新型专利授权8项,获得2021年中国港口科技进步奖二等奖。

团队主要成员见图13。

图 13

案例十四:桥吊大车自动定位功能成果应用解析

所属单位:上海国际港务(集团)股份有限公司尚东集装箱码头分公司

创新团队:黄华远程操作劳模创新工作室

创新成果:桥吊大车自动定位功能

一、研究背景

随着洋山四期吞吐量的持续上升和挂靠船舶的大型化发展趋势,上海国际港务(集团)股份有限公司尚东集装箱码头分公司(以下简称“尚东分公司”)岸桥原配置的 CCTV 视频辅助系统无法在换倍作业时有效帮助远程操作员一次行车至指定位置,影响作业效率的问题日益凸显。在不改变岸桥 CCTV 安装布局的情况下,如何最大限度地提高桥吊换倍作业效率成了一个重要的研究方向。

本项目旨在不改变岸桥 CCTV 安装布局的前提下,在岸桥海侧吊具切换平台上安装岸桥大车辅助定位装置,达到实现远程操作员在可视激光光束的定位帮助下精准定位的目的,有效提升岸桥在换倍作业时的效率。

二、成果效益

(1)本项目经测算,作业中每次换倍位行大车能节约 2 ~ 3min,意味每小时可增加 1 ~ 1.5 关的作业量,整个码头一年可以释放将近 40 万的产能,产生的经济效益接近 250 万元。

(2)本项目在未改变岸桥原有结构基础上进行了开发,未增加后期维修保养压力,可与原有项目同时进行。经过反复论证和实践,此项目可在所有集装箱岸桥上推广,推广性较强,实用性较高,可按各生产单位实际情况推广。

(3)本项目开发后的受益人并不限于桥吊远程操作员,工程技术部在维修保养、调试吊具、纠正摄像头时,均可借助该装置进行标定。

三、项目推进进程

1. 前期调研

对营运操作部各岗位进行调研,征询一线操作员和现场工作人员意见,了解实际生产中所迫切需要的功能。经部门内多次筛选和整理后,与工程技术部、信息技术部进行了跨部门沟通,确认了项目的合理性和可行性。经过多轮讨论分析、充分论证后,“桥吊大车自动定位功能开发”项目获得立项批准,由尚东分公司首席远程操作员黄华带领黄华远程操作劳模创新工作室(以下简称“工作室”)全体成员攻关。

2. 推进过程

项目依照推进计划组织开发实施。在项目开始阶段,工作室牵头召集全体项目组成员进行了多次沟通,明确了各部门的项目负责人,整个项目分工明确、责任到人,定期召开项目推进会,总结各自项目阶段性成果,整体推进过程顺畅有序。

在项目推进过程中,不断克服困难和消除分歧。现场安装激光设备过程中,工程技术部建议采用安装新支架的方式,可使效率提升,而其他部门建议在不改变原有岸桥结构方案的基础上进行项目推进,以便最大限度地减少开发成本和后期维护成本。对此分歧,黄华带领各项目负责人多次在现场论证,实地查看,针对安装数量、安装位置、安装角度、安装方法等进行估算、测量、讨论,达成了多项共识,最终在不改变原有结构的情况下实现了预期效果。

在项目开发进度不断推进的同时,团队对项目的理解和应用也在不断丰富与拓展。在与各个部门的协调和沟通时,黄华所带领的团队发现,激光定位装置除了可以帮助远程操作员精准进行大车定位之外,还可以帮助轨内集卡在转换方向后进行停车辅助定位,这使得集卡驾驶员在上档作业时可以提前准确就位,有助于减少无效等待时间,大大提高轨内作业的效率。此后,黄华结合实际推进,大胆提出了大车自动化的想法,在远程操作员明确作业目的地数据的情况下,输入相关坐标就能精准自动到位。在经过不断论证和研究开发后,大车的自动运行功能得以实现。本项目在圆满实现既定目标的基础上,又突破性地创新实现了两项新功能,有效助力了洋山四期自动化码头生产发展和效率提升。

3. 项目成果

本项目共实现三项新功能,分别是辅助大车精准定位装置功能、大车自动运行功能和轨内集卡辅助定位装置功能。

四、成果研制

在干线岸桥海侧吊具切换平台、支线岸桥海侧横梁安装相关设备,海、陆侧各安装2组4个可视激光发射器,每组发射器对应吊具尺寸分别为20英尺(1英尺≈0.3m)、40英尺。海侧发射器发射光束成扇面垂直于地面,发射角度约为20°~170°,以便远程操作员应对各种船型的各种积载高度都可以准确定位大车海侧行车目标位置。陆侧发射器发射光束呈扇面垂直于地面,发射角度约为30°~60°,以便远程操作员行大车至轨内目标时准确定位。同时,设置激光与吊具两端平行,形成地面的光线标志,辅助集卡驾驶员在轨内精准停车(图1)。

同时,在远程操作台人机界面(HMI)上增加大车辅助定位装置开关,远程操作员打开后1min自动关闭。岸桥本地陆侧操作站安装一组开关,只能控制陆侧对轨内2组发射器,方便集卡作业停车对位(图2)。

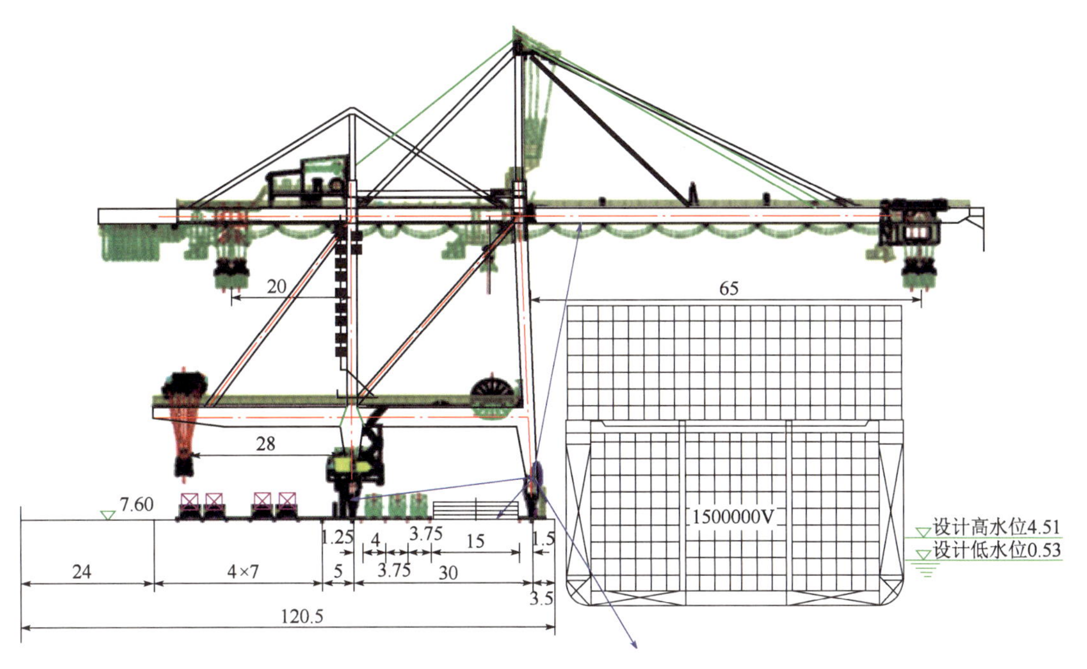
20
65
28
7.60
1500000V
设计高水位4.51
设计低水位0.53
1.25
4
3.75
15
1.5
24
4×7
5
3.75
30
3.5
120.5

图 1(尺寸单位：m)

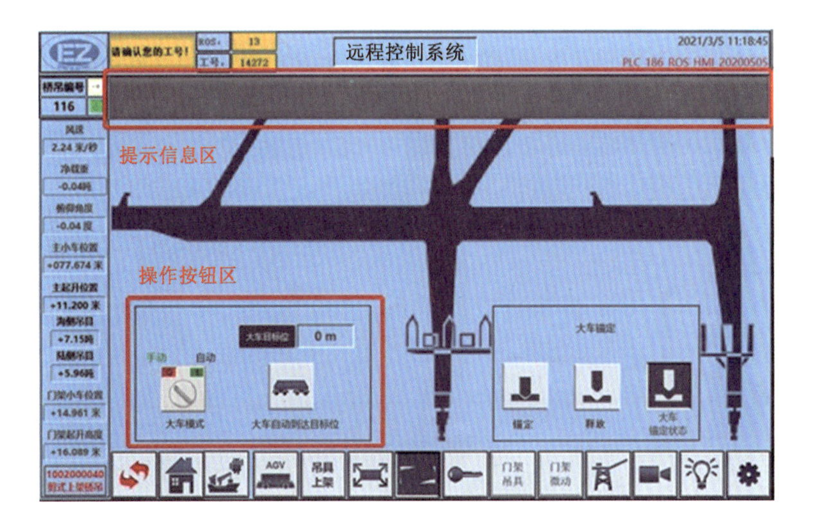
远程控制系统
2021/3/5 11:18:45
PLC 186 ROS HMI 20200505
请确认您的工号！
ROS：13
工号：14272
桥吊编号
116
提示信息区
操作按钮区
大车目标位
0 m
手动
自动
大车模式
大车自动到达目标位
大车锚定
锚定
释放
大车锚定状态
AGV
吊具上架
门架吊具
门架微动

图 2

黄华远程操作劳模创新工作室简介

黄华远程操作创新工作室（以下简称“工作室”）于2019年12月成立，由黄华领衔担任室长，成员由具备特级技师高级技师、技师、高级工等职业资格的13名技术人员和高技能人才组成。工作室80余平方米，设有岸桥和轨道吊实景模拟机、数字孪生系统展示屏、活动交流专用会议室等工作场地。工作室坚持自主创新，结合自动化码头生产运营实际，围绕效率提升、系统优化、设备稳定性提高等开展课题研究，形成研究成果并应用推广，撰写完成创新项目10项，团体标准2项，先进操作法3项，积极参与使用F5G技术进行超远程控制港口大型设备作业，实现百公里外的“隔空取物”。工作室注重发挥劳模先进引领作用和高技能人才团队优势，紧紧围绕自动化码头发展需求，通过教育培训、课题研究、项目攻关等形式，激发职工创新激情活力，有效服务企业发展，培养桥吊远程操作员119人，轨道吊操作员51人，其中高级技师1人、技师5人，成员荣获“全国交通技术能手”“全国青年岗位能手”“临港工匠”等称号。工作室先后获得“上海市劳模创新工作室”“上海市技能大师工作室”等称号（图3）。

图 3

案例十五：自重式防脱落快速安全插销成果应用解析

所属单位：上海国际港务（集团）股份有限公司

创新团队：振东集装箱码头分公司工程技术部桥吊组

创新成果：自重式防脱落快速安全插销

一、研究背景

大型设备各层平台间通常会安装人员通行的直梯，为预防发生人员从直梯口坠下的隐患，一般在没有防护措施的直梯两侧栏杆间安装防护链条。防护链条一般一端用电焊方式固定在直梯口一侧的栏杆上，链条的另一端安装有一只快挂，通过快挂将链条系挂到直梯口另一侧的固定点上，从而起到安全防护作用。使用此种连接方式的防护链条，快挂由于受大风和雨水侵蚀，绝大多数快挂的卡扣弹簧会出现无法自复位的问题，导致链条系挂不实。另外，快挂与链条一般为活动式连接，可以自由取出，因此会存在丢失的问题，造成防护链条无法系挂，从而带来安全隐患。

为避免防护失效，一般采取更换快挂并将其用电焊固定在链条上的方式处理。大型设备上的直梯数量多，分布散，每次项目实施至少需安排 2 人搬着电焊机及线缆上不同设备进行修理，日积月累下，几个小小的快挂也要耗费不少的人力、物力，同时反复的电焊工作对环境也造成一定影响。基于以上原因，创新班组基于设备维护实际，设计、制作了自重式防脱落快速安全插销。

二、成果效益

此次设计的快速安全插销，基本无须后续定期检查更换，做到了一次安装，终身使用，提升了班组的维修效率，节省了人力、物力的成本，年均节省费用 3 万余元。同时在安全上做到了严防死守，杜绝了由于备件损坏、缺失所导致的安全隐患，预防了高空坠落的风险，并且通过降低返修率，为绿色环境添上了一份保障。自重式防脱落快速安全插销项目获得上港集团“五小”创新一等奖。

三、方案设计

创新组根据日常维护保养时所遇到的问题，经过现场调研、思路研讨、策划实施等步骤，确定了设计形式，结合现场作业的实际情况和维修人员的修理习惯，完成了图纸设计和产品制作，改造完成后无须定期检查更换，人员上下直梯时，可以仅凭单手进行操作，简单、实用、便捷。

自重式防脱落快速安全插销分别由插销（图 1）、固定座（图 2）和自重锁块（图 3）几个部分组成。自重式防脱落快速安全插销可以对所有直梯实施安装改造，目前在港机桥吊上进行改造完成，使用情况正常。

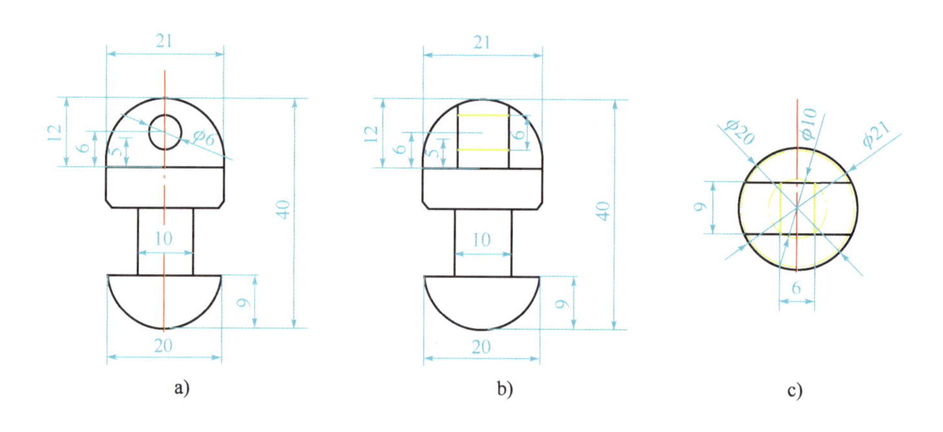

图 1　插销图（尺寸单位：cm）

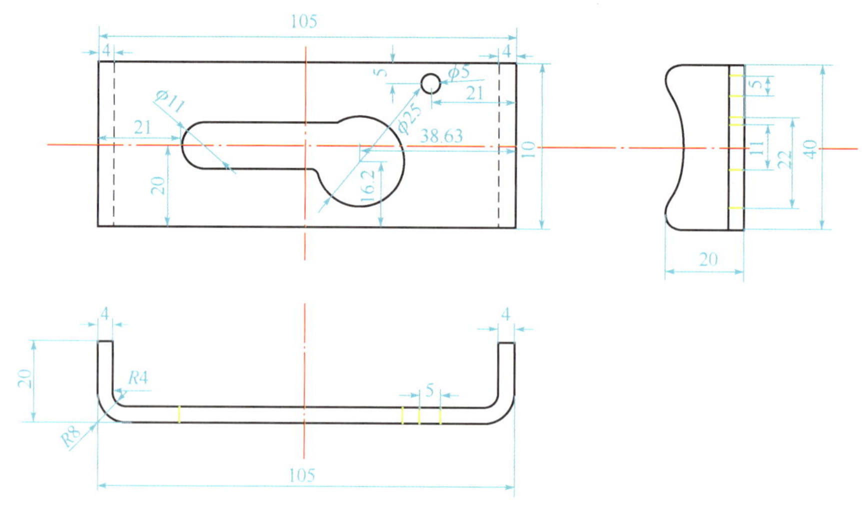

图 2　固定座图（尺寸单位：cm）

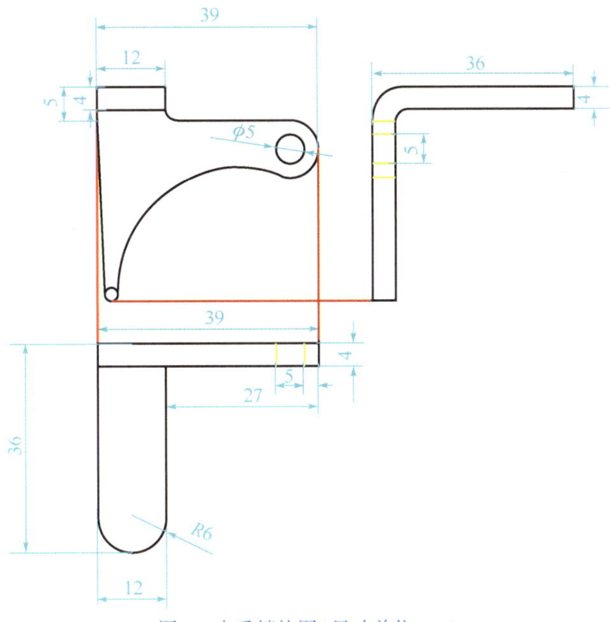

图3　自重锁块图(尺寸单位:cm)

根据设计图纸制作的实物图片(图4)。

图4　自重式防脱落快速安全插销实物图

四、使用方式

(1)插销安装。使用卸扣将插销连接至设备上的防护链条,并固定牢靠。

(2)组件拼装。使用半螺纹螺栓,通过安装孔将自重锁块和固定座进行连接,并安装牢靠,随后将组件固定在直梯钢管上。

(3)使用时,只需将插销插进固定座圆孔内,通过自重,插销会顶开自重锁块自然掉落卡在底部,并且锁块也会根据力的平衡作用自动复位,达到锁止作用。

现场安装效果图(图5)。

图5　现场安装效果图

注意事项:在进行固定底座安装时,需固定在直梯圆钢直面上,避免插销无法插入的情况。

五、成果延伸

该成果结构简单、制作成本低、使用可靠、安全性高,可应用于直梯口无防护措施的场景。

振东集装箱码头分公司工程技术部桥吊组简介

上港集团振东集装箱码头分公司工程技术部桥吊组是一个奋发向前、勇于创新、始终奋战在生产一线的队伍。该班组共有31名职工,平均年龄41岁,其中高级技师3名,技师5名,工程师3名,中高级员工比例达80%,党员11人,占班组人数的三分之一。班组承担公司27台桥吊设备的保养维护及修理工作。公司生产始终处于高位运行,设备老化问题突出,班组坚守"8.24示范班组"承诺,秉持"精心维修每一次"的精神,做到24h待命,为公司生产高位运行提供了有力的设备保障。近年来,桥吊设备完好率稳定在96%以上,故障率控制在0.4%以下。班组多次获集团先进荣誉称号,2022年荣获"上海市工人先锋号"称号(图6)。

图 6

在做好码头关键设备保障的同时,班组致力于打造一支"懂技术、会创新"的职工队伍,通过"桥吊起升高度改造"等多个科技项目,在突破生产瓶颈的同时,创造了可观的经济效益,先后获得实用新型专利2项,荣获中国(上海)国际发明创新博览会银奖、中国港口科技进步三等奖、上港集团科技进步三等奖等殊荣;最近2年班组技术骨干参加上港集团"五小"创新活动分别获得一等奖和二等奖的好成绩。今后班组联合各方积极实施振东公司首台桥吊远程操控项目,为传统码头改变作业方式,努力为打造智慧港口和科技港口建设作贡献,助力集团高质量发展。

案例十六:半圆弧大梁制作工艺创新成果应用解析

所属单位:上海振华重工(集团)股份有限公司长兴分公司

创新团队:徐建中劳模创新工作室

创新成果:半圆弧大梁制作工艺

一、研究背景

随着贸易的不断发展,近年来内河码头的运输量持续增长,水运市场日趋活跃,对集装箱起重机的需求也在不断地增加,但是内河码头普遍存在承载力较小的问题。如为了适应大型集装箱起重机布置而改造码头,则需要投入较多的资金和时间,往往内河码头难以承受,需要从集装箱起重机设备技术上进行优化和改进,在起重机大型化的同时,通过减少风阻来降低轮压,为此一种采用半圆弧结构大梁的集装箱起重机应运而生。

二、成果效益

此轻型岸桥采用新型半圆弧大梁截面设计理念,采用计算流体动力学(CFD)模拟核算风力系数,结合风洞试验结果,将产品风载荷的影响因素降到最低,实现新机型比同参数现有设备具有更轻的整机重量和更小的轮压值。

轻型岸桥为国内首次采用半圆弧大梁设计,大梁箱体腹板采用半圆弧状结构,承轨梁布置与箱体上翼板两侧。通过工艺创新,研发了一种新型的采用非设备成型的工艺方案,节约了重新搭设圆弧胎架的成本,节约了腹板先卷制圆弧的成本和周期,同时降低了腹板拼接的难度,提高了产品质量,实现了圆弧大梁的高效和绿色制造。

该半圆弧大梁制作工艺已提交专利局申报国家发明专利,目前正在审批过程中。

三、成果方案设计

半圆弧大梁结构比较特殊,为此研究了一套新的制作方法:

(1)大梁半圆弧梁腹板的圆弧成形,利用板单元自身柔性,采用非设备卷制使其弯曲成圆弧状。

(2)创新大梁半圆弧箱体成形顺序,以上翼板为底板,竖立隔板,挂分段腹板,并以隔板为基准成形,完成圆弧腹板的对接缝装配。

（3）优化焊接式轨道的安装顺序，更好地保证了轨道与承轨梁面的贴合，并在过程中优化焊接顺序和控制轨道烧焊变形，精控运行轨道尺寸。

（4）优化铰点及拉杆节点板安装区域的成形工序，以保证此区域的小车轨道相关尺寸满足要求。

（5）前后大梁为半圆弧结构，大梁底部为近似圆弧状，结构较为特殊，为了前后大梁结构的转运和拼装等工序的顺利实施，制作了大梁转运工装，编制了专门的大梁转运、拼装方案。

四、成果使用方式

（1）合理分段大梁半圆弧腹板，并利用自身柔性弯曲成圆弧板。

将大梁半圆弧梁腹板分成三段制作成形 A、B、C 段（图 1），两侧的两段形状为圆弧状。将半圆弧梁采用倒置的制作方式，在车间现有标准箱型梁的胎架上进行装配，以隔板为圆弧模具，三面成形时利用腹板的柔性和外力辅助直接进行成形，使腹板弯曲装配至隔板上，不增加额外胎架和钢板卷圆的成本，降低腹板单元的制作难度。

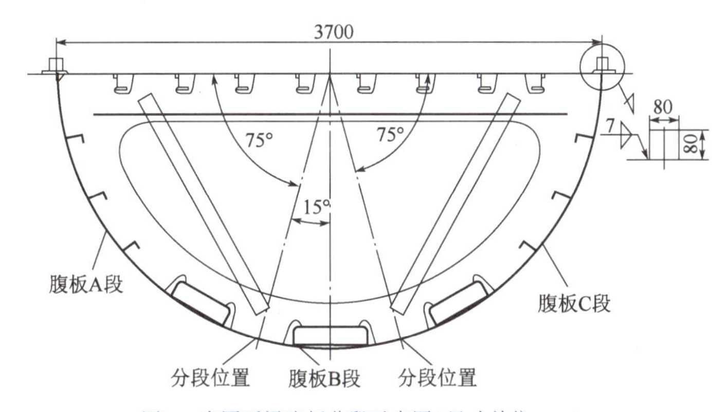

图 1　半圆弧梁腹板分段示意图（尺寸单位：mm）

（2）创新大梁半圆弧箱体成形顺序，确保箱体成形尺寸。

①车间搭制水平胎架，并检测合格。

②上翼板、圆弧腹板分段和半圆弧隔板预制成组件（图 2）。考虑到圆弧腹板整体预制后成型难度较大，所以在宽度方向进行分段，将其分为了 3 段，3 块腹板按照水平状态制作，分别拼板及装焊加强筋，并校正合格；为了成形时更好的装配，在两侧腹板与中间腹板对接位置提前进行了圆弧压制。

a）上翼板

b）半圆弧隔板

c）圆弧腹板

图 2　分段组件

③将半圆弧隔板装配定位至上翼板上，然后用临时支撑稳固，以防止倾倒（图3）。

④将左右两侧的腹板先吊装至隔板两侧，腹板与上翼板之间定位焊固定，然后通过葫芦在箱体内部施加外力将腹板沿着隔板圆弧进行成型（图4），并定位焊固定，最后将腹板中间分段组件装配完成（图5）。

图3 装配定位

图4 左右腹板组件装配

⑤按照工艺要求及焊接工艺规程的参数对箱体进行整体焊接，焊接完成后翻身施焊剩余焊接（图6），并检测相关数据。

图5 腹板中间分段组件装配

图6 大梁翻身焊接

⑥大梁制作完成（图7）。

图7 大梁制作成形

（3）优化焊接式轨道的安装工序和焊接顺序

①优化结构特殊位置的轨道安装工艺。前后大梁节点板位置和铰点位置的轨道制作在拼板单元阶段时，完成轨道与承轨梁的装焊，但上翼板承轨梁与中间拼板的焊缝点焊，暂不完成施焊，待节点板施焊完成后，再将其点焊去除，调整以满足轨道的尺寸要求，将其装配施焊到位（图8）。

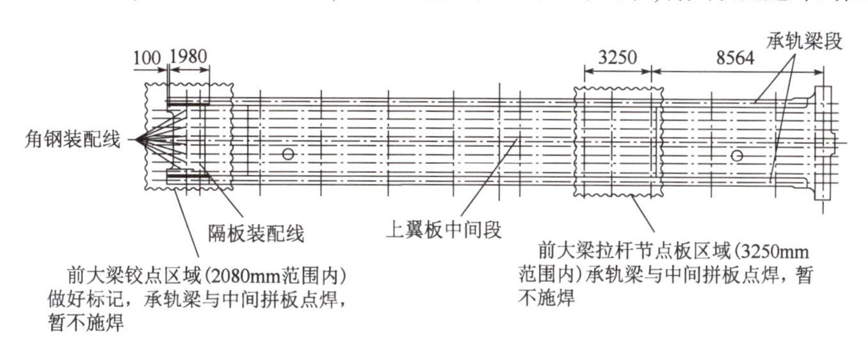

图8　特殊位置承轨梁与中间拼板焊接要求（尺寸单位：mm）

②优化焊接式轨道的安装工序和焊接顺序。在前后大梁上翼板拼板后装配方钢轨道（图9），然后采用一道焊方式完成轨道的角接焊缝，并且施焊顺序为从轨道中间向两端且两侧同时对称分段焊，即整条焊缝分成多段施焊，在施焊过程中严格控制轨道与承轨梁面的贴合和轨道焊接的焊角尺寸，以保证上翼板的平整度和轨道尺寸。

图9　大梁上翼板安装焊接式方钢轨道

徐建中劳模创新工作室简介

上海振华重工(集团)股份有限公司长兴分公司徐建中劳模创新工作室(以下简称“工作室”)成立于2020年5月,工作室主要以制造技术研发及推广应用为重点,以职工为主体,以创新为动力,以提高产品制造质量为目的,开展职工技术创新与交流的合理化活动(图10)。

图 10

工作室由中交劳模徐建中领衔,目前工作室成员共计16人,均为高级工程师。领衔人徐建中于2004年10月进入长兴分公司工作,现任职长兴分公司副总经理,入司后长期负责工艺技术工作,带领技术团队攻克多项技术难点和创新攻关,个人科技成果较为显著,于2019年4月被授予“中交集团暨中国交建劳动模范”荣誉称号。

工作室成立至今近3年,通过持续优化工艺方法、工装创新、工艺革新和科技创新等方式,以课题攻关形式助推长兴分公司在安全、质量、节能、环保和科技水平等方面持续升级;同时,重点推进长兴分公司智能制造转型和数字化转型,改变传统旧有的生产制造模式,扩大自动化设备的使用和数据的集能管控,降本节能、提质增效,切实提高企业的市场竞争力。

案例十七：港机构件3D视觉机器人自动焊接技术应用解析

所属单位：上海振华重工（集团）股份有限公司长兴分公司

创新团队：魏钧劳模技术创新工作室

创新成果：港机构件3D视觉机器人自动焊接技术（图1）

图 1

一、研究背景

港机产品上小型钢结构件数量众多，尺寸类型多样，目前小型钢结构件的制作绝大多数仍依赖人工，生产环境恶劣，工人劳动强度巨大，并且随着用工成本的逐年上涨，钢结构行业的持续稳定发展受到了前所未有的挑战。在实现"中国制造2025"的背景下，紧跟时代潮流，大力发展自动化技术设备，从而实现钢结构行业转型升级。因此，为改善目前小型钢结构件仍依赖人工制作的现状，采用行业内具有先进3D视觉技术的智能化焊接机器人技术，实现岸桥小型构件的自主智能化全自动焊接、自动上下料、自动翻身的全自动化制作，提高产品的焊接质量，缩短产品制作周期，这是魏钧劳模技术创新工作室的不懈追求目标。

港机产品小型钢结构件制作大部分虽然实现了集中场地制作，做到了固定车间、固定工位生产，达到了工位化要求，但现场生产方式仍是小作坊式生产，完全依赖传统手工制作，生产工艺落后，需要大量人工来保证生产进度，人工成本高，焊接质量差，急需利用自动化设备来减人增效，提升质量；而且经过对小件结构图纸的数据归纳整理，其构件具有数量多、结构简单、大小适中且具有相似性的特征，非常适合机器人焊接。

二、取得的成效

3D视觉智能化焊接技术通过采用先进的图像加激光视觉识别技术，可以实现港机产品上吊耳小型构件的多类型、多规格、多尺寸的全自动识别焊接，通用性强，使用方便，并且视觉技术的技术优势明显，在进行非标构件的自动化焊接过程中不需要任何工装夹具定位，将构件随意摆放在工作平台上即可实现机器人焊接，与同类型机器人相比，常规机器人对于非标构件需要进行大量工装夹具进行定位，此技术不需工装夹具具有实用性及便捷性。此技术成功应用后，港机产品上吊耳小件制作周期缩短0.5d，减人达50%，焊后打磨作业减少90%以上。此技术已获授权实用新型专利授权2项，发明专利1项；荣获上海优秀发明奖铜奖、上海浦东职工先进操作法二等奖。

三、成果研制

魏钧劳模技术创新工作室根据港机吊耳构件的构件特点和制作要求，通过现场调研、技术方案优化、可行性分析、策划实施、投产应用等步骤。研究采用具备图像识别技术的智能化机器人焊接工作站，省去传统机器人焊接需要的焊前示教环节，以求实现多个多种型号小件全自动的连续焊接。

设备采用龙门式机器人多轴联动方式，工作站采用一套焊接系统双工位布局，每个工位一次可以随意摆放多个类型构件；集中上、下料、集中焊接，减少作业人员频繁上、下料干预时间；工作台四周留出足够的操作通道和操作空间，焊接平台之间留有足够间隔，安放工件翻转装置，便于工人上、下料和对工件进行摆放及翻身操作，同时确保工作区域作业人员的安全。

设备具有视觉拍照自主识别每个工作台上多个工件的形状、尺寸信息对被焊接工件进行粗定位；并采用激光视觉自主寻找焊缝位置，自动识别坡口信息，并且能够自主编排多层多道焊接路径程序，连续逐个自动跟踪完成组件的焊接。

方案设计图如图2所示。

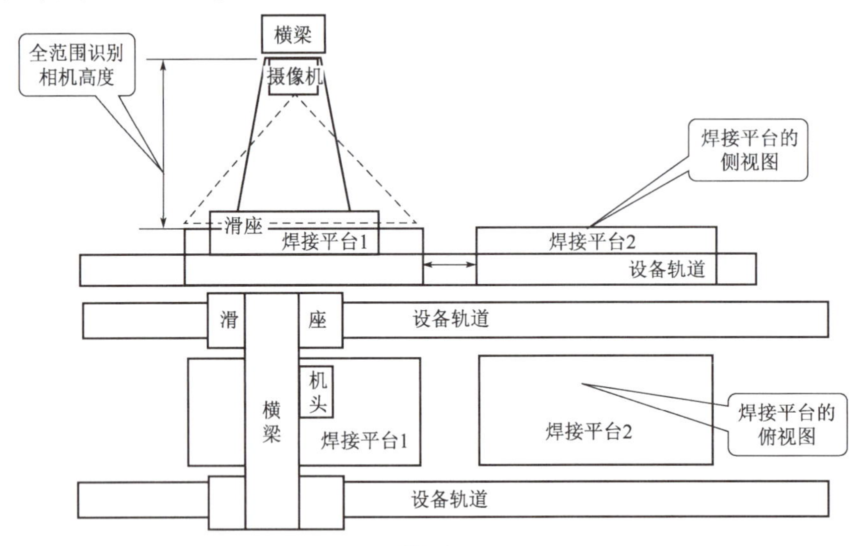

图 2

四、使用方式

1.图像技术拍照识别构件

构件随意摆放在焊接作业平台上后,采用高清视觉定位摄像机,利用图像拍照识别技术,在工作系统的全景识别功能下识别吊耳重磅板外轮廓以实现粗定位。其主要原理是依靠强光灯在多个不同角度对焊接平台上的结构件进行强光照射,视觉全景识别系统对多个不同光线角度拍摄的照片进行内部处理,通过图像合成计算各个吊耳构件的外形轮廓信息(图3)。

图 3

2.系统图像分析粗定位

识别系统通过系统内部计算拍摄的图形大小尺寸,并结合摄像机的角度高度信息进行合成处理,匹配出图形数据库中对应吊耳重磅板的尺寸大小信息,从而初步粗略确定构件的类型以及外形尺寸信息(图4)。

图 4

3.激光精确识别构件信息

视觉拍照识别试验完成后,视觉识别系统已经完成了吊耳组件重磅板的外形轮廓识别及摆放位置的粗定位。机器人通过自动控制焊接机头运行至待焊构件相平位置,通过焊枪端部上激光扫描装置,向吊耳结构件的坡口位置发射线状激光条,扫描坡口信息(图5)。

图 5

4. 系统自动调用参数焊接

在激光识别坡口信息完成后,系统自动匹配焊接数据库中对应坡口大小的焊接工艺数据,进行吊耳重磅板坡口内焊缝的自动焊接及自动跟踪。待当前焊接作业的吊耳构件焊接完成后,机器人将自动根据图像识别所规划的焊接顺序自动运行至平台上在下一个待焊工件位置进行寻位焊接,最终实现平台上所有构件的全自动焊接(图6)。

图 6

五、成果延伸

1. 改良空间

目前通过采用视觉技术已经实现了岸桥产品中圆形非标吊耳结构件的自动化制作。后续将在现有基础上,进一步扩大此技术应用自动化制作的结构件类型,提高自动化制作比例,进一步推行相似结构件(如椭圆形结构、不规则圆缺结构)的视觉识别及自动化焊接。

2. 思路推广

此先进3D视觉技术在港机产品上的成功应用，填补了图像识别技术在国内重工制造行业上成功应用的空白，并且其技术适用范围广，在同行业具有极大的参考借鉴价值，在重工、钢构、船舶行业将能够大范围地推广应用，针对多种类型非标小件实现智能化机器人识别和焊接，具有极大的推广前景。

魏钧劳模技术创新工作室简介

魏钧劳模技术创新工作室于2015年12月建立，以上海劳模魏钧领衔担任会长，主要成员由具有技师、高级技师、工程师、高级工程师7名技术人员和技能人才组成，并吸收了各工种的高尖人才53名职工为会员。不仅拥有20m^{2}工作室，还拥有焊接试验操作场地、检测专用场地、活动交流室等工作场地，主要工作是以公司产品焊接工作的疑难杂症攻关、创新和人才培养为主。先后获得命名：“浦东新区劳模创新工作室”“上海市职工技师创新工作室”“中国交建劳模工匠人才创新工作室”“交通建设产业劳模和工匠人才创新工作室”(图7)。

图 7

2017年世纪工程港珠澳大桥岛隧工程最终接头是国内首次以海底沉管对接的形式焊接施工，工作室团队根据施工实际需要制定出港珠澳大桥岛隧工程最终接头焊接操作法，优化改进了港珠澳大桥现场施工焊接流程，提高了焊工在极端条件下的焊接效率，降低了在海底环境下焊接作业的风险，出色地完成了该项目。魏钧获得港珠澳大桥建设个人特等功，工作室团队获得港珠澳大桥建设优秀团队称号。总结归纳后形成的焊接“十步”操作法获得浦东职工科技创新先进操作法一等奖、上海市职工先进操作法创新奖。

案例十八：四绳轮胎式起重机堆场全自动着箱技术研究成果应用解析

所属单位：天津港太平洋国际集装箱码头有限公司

创新团队：太平洋码头公司创新工作小组

创新成果：四绳轮胎式起重机堆场全自动着箱技术

一、研究背景

由于四绳轮胎式起重机机械结构简单，造价低，灵活性高，现在国内传统集装箱码头使用的轮胎式起重机大多数为4绳轮胎式起重机。振华重工在全球范围内供货的轮胎式起重机目前共4368台，其中全功能小车的轮胎式起重机有300台，8绳缠绕方式的轮胎式起重机有1220台，4绳缠绕方式的轮胎式起重机共2848台，占总供货量的65%。天津港太平洋国际集团各集装箱码头除天津港集装箱公司北区使用31台轨道式起重机，其余码头均使用轮胎式起重机，共178台；其中联盟国际33台轮胎式起重机采用8绳缠绕方式，其余145台均采用4绳缠绕，占天津港轮胎式起重机总量的82%。

天津港太平洋国际集装箱码头现有58台轮胎式龙门起重机，均为4绳缠绕方式的轮胎式起重机。4绳缠绕方式的轮胎式起重机全自动着箱技术的实现是集装箱码头轮胎式起重机自动化改造的关键组成部分，是决定轮胎式起重机改造能否成功的决定性因素。由于太平洋码头轮胎式起重机为4主卷绳缠绕方式的柔性结构，因此在运行过程中吊具晃动较大，而且由于机械原因在轮胎式起重机吊具起升运行过程中会出现无规律的扭转，这为实现轮胎式起重机在堆场内全自动作业增添了巨大的困难。目前，已有的自动化集装箱码头堆场装卸设备以自动化轨道式起重机为主，自动化堆场升级改造项目中的堆场装卸设备若选用轮胎式起重机也以8绳缠绕轮胎式起重机为主，针对4绳缠绕轮胎式起重机的自动化升级改造研究和应用的成功运行使用尚无先例

为满足自动化轮胎式起重机自动抓放箱的作业需求，需要克服太平洋公司轮胎式起重机起升在运行过程中无规律扭动的现状，太平洋自动化团队对4绳缠绕轮胎式起重机全自动着箱技术进行研究，本项目将轮胎式起重机在堆场内实现有效率的全自动抓放箱，对内集卡实现自动抓放箱，为实现公司的码头整体自动化提供保障。同时，传统集装箱码头结合智慧港口的发展需求，集装箱码头的自动化升级改造势在必行。由于轮胎式起重机及4绳缠绕轮胎式起

重机在港口的较大保有量现状，本项目针对全自动4绳缠绕轮胎式起重机关键技术的研发成功，不仅有助于推动轮胎式起重机自动化技术的发展，还对天津港及国内外其他集装箱码头的轮胎式起重机自动化升级改造提供借鉴和推广意义。

二、取得的成效

4绳缠绕轮胎式起重机全自动着箱技术是通过多个子自动化系统的协调合作共同实现，攻关团队通过对以上创新性的技术方案的反复论证、试验、调试，最终实现了4绳缠绕轮胎式起重机的堆场内及内集卡全自动抓放箱，达到了预期制定的目标，并实现了以下应用成果：

（1）对4绳橡胶轮胎式起重机（RTG）自动抓放箱功能进行了测试，堆场内同贝位翻倒作业效率达到28Mov/h，和集卡配合进行全自动化作业效率到达18mov/h。

（2）兼顾临贝集装箱防碰撞功能，消除安全隐患，提高安全性能。

（3）提高自动化程度，一名操作人员可操控多台场桥，节约人力成本约75%。

（4）降低操作人员操作强度，减少颈椎、腰椎等操作人员职业病的发生概率。

（5）实现堆场自动化集装箱堆码精度在±35mm之内，达到业内领先水准。

三、制作过程

本项目主要通过以下多个自动化子系统协同作用实现。

1. 机械防摇防扭的改造

为解决4绳RTG吊具无规律扭动的问题，在进行多次实验后，决定采用4变频控制机械防摇装置，同时根据工况动态力矩控制解决扭动问题。

4绳防摇系统由PLC控制器、变频器、防摇电机、钢丝绳卷筒等组成。4个独立变频系统驱动，闭环控制，智能力矩控制，实时调整吊具位置状态；4绳防摇机构分为4套独立部件，分别布置在小车上平面起升机构外侧4个角。4根防摇钢丝绳缠绕在减摇卷筒上，通过导向滑轮与吊具上架相连接，在空间布置上是等长度且互不交叉干涉的，形成大角度钢丝绳牵引吊具上架，同时根据工况动态力矩控制，达到减摇作用。

4绳防摇机构通过实时调整4根防摇钢丝绳的张力，达到吊具减摇止摆的目的。根据工况采取不同控制模式，可实现更好的减摇效果。在起升运行时进行恒定力矩控制，使得防摇钢丝绳保持恒定张力跟随吊具升降。在小车运行时进行动态力矩控制，根据吊具摆幅和摆速实时调整钢丝绳张力，从而实现快速减摇止摆。

机械防摇防扭示意图如图1所示。

吊具姿态控制时，防摇系统采用闭环矢量的速度控制，同时进行力矩限幅，调整4根防摇钢丝绳的绳长，实现吊具回转、平移功能。

2. 电子闭环防摇

电子防摇系统利用角度传感器将吊具摆动角度等参数反馈至防摇控制系统，实现闭环控制，通过防摇算法，实现吊具的防摇。防摇系统主要核心部分是防摇功能模块，防摇功能模块是专门针对防摇功能开发，与小车变频器、小车电机、吊具等一起构成防摇系统。防摇功能模块内的防摇控制算法根据外部反馈生成小车变频器速度给定曲线，传递给小车变频器。小车变频器按照此速度曲线控制小车电机。小车到达指定位置，小车停止后，吊具摆角为零。

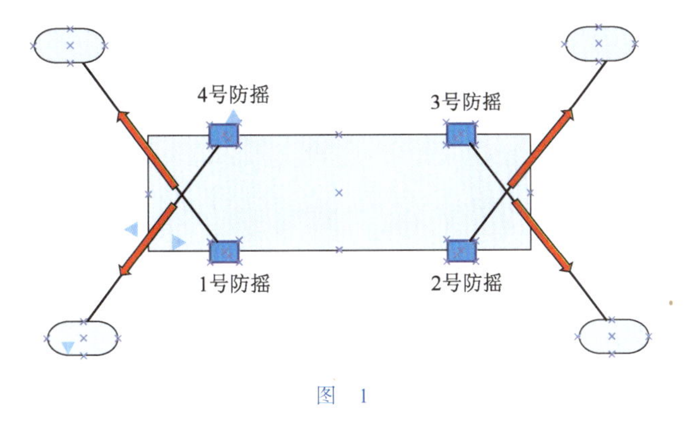

图 1

吊具电子防摇系统可以达到以下要求：在自动工况下，吊具起升高度在2.2～21.0m范围内，小车运行到生产调度系统指定位置，防摇系统使小车在停止运行时吊具摆幅不超过±50mm，并趋于停止。

电子防摇效果图如图2所示。

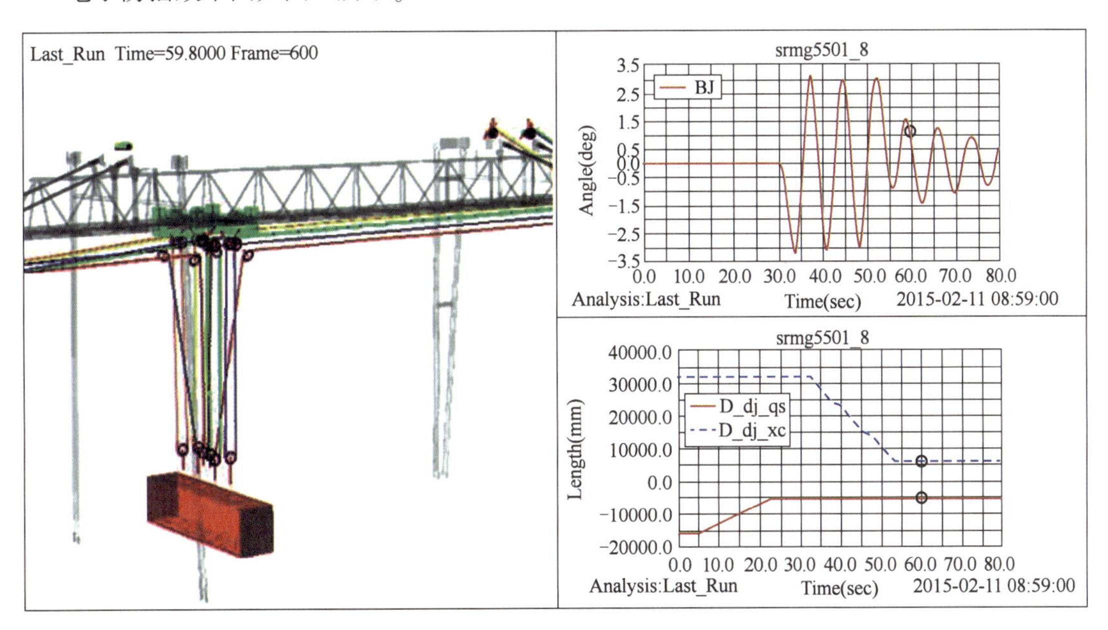

图 2

3. 目标定位自动抓放箱系统

自动抓放箱是通过计算吊具和集装箱距离来自动调节起升速度，可以快速、平稳地抓放箱，减少了吊具的冲击和提高作业效率。自动抓放箱适用于在集装箱箱区内进行全自动化作业，在堆场作业时，起升、小车定位、抓箱和放箱全部由系统自动完成。

具体技术：采用点阵激光、图像识别技术和PLC智能减速调节模块，来实现自动抓放箱功能，如目标对准，自动下降，吊具微动调节。吊具着箱上、下两层集装箱，横向偏差应控制在

±35mm以内,纵向应控制在±35mm;单垛集装箱偏差应控制在±50mm以内。

对需要改造的RTG,2D激光扫描仪安装在吊具上,激光雷达的安装位置对于自动化抓放箱确认效果起着决定作用。安装位置如图3所示,在吊具上需安装8个2D激光扫描仪。激光扫描仪安装的具体位置平行于吊具的边缘,并且扫描出来的线与集装箱边缘距离为35mm。吊具上元器件安装示意图如图4所示。

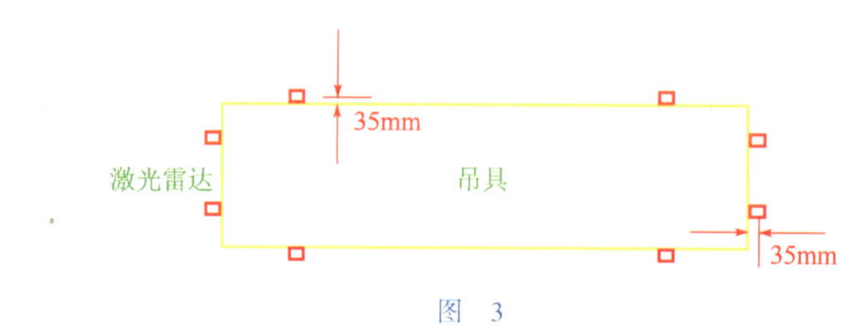

图 3

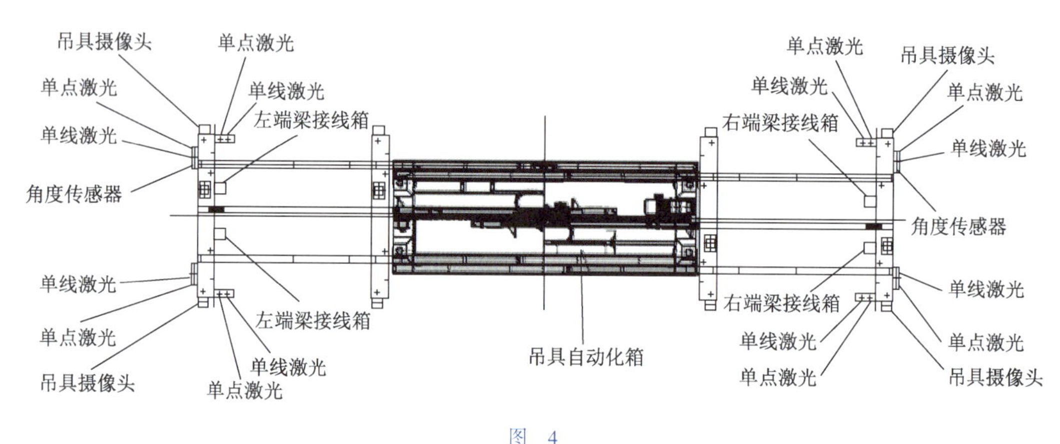

图 4

4. 自动最终着箱系统

(1)自动开底

首层放箱根据吊具4个相机捕捉到的画面进行图像识别处理,识别出地面标志线在视野中的位置,吊具根据标志线的偏移量,自动调整位置和姿态,待当前吊具的位置在允许的误差范围内时进行放箱动作。

图像开底如图5、图6所示。

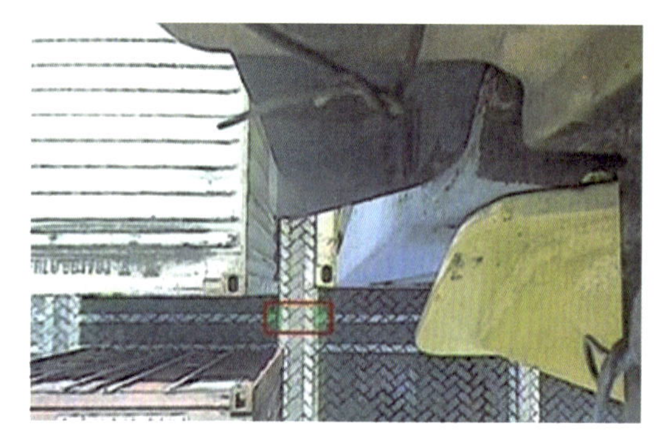

图 5

图 6

（2）自动智能抓放箱实现流程

①通过吊具上2D激光扫描仪实时检测吊具下降高度和摆动位置，不间断地比较吊具与目标集装箱之间的纵向距离和横向距离；依靠激光测量并计算出一个安全的减速区域，控制起升或小车进行智能减速，避免与箱体发生碰撞。

②通过吊具上2D激光扫描仪实时检测扫描目标箱位的位置，通过实现吊具微动平移或旋转调整吊具位置，使吊具位置和目标位一致，实现自动抓放箱。

（3）车道状态检测系统

基于安装在车道侧的3D雷达的车道状态检测系统可以对车道侧集卡实时全覆盖安全及状态检测，检测集卡特征精度控制在2cm以内。

5. 堆场自动化改造

通过对码头沉降数据实际勘察测量，再结合吹填土地基沉降规律，制定符合太平洋码头现场实际场地改造方案：

（1）在自动化堆场内敷设箱角梁并按照自动化定位精度要求施画箱脚线，保证了自动抓放箱对场地的技术要求。

（2）对场桥跑道的轨道梁进行平整，使跑道梁坡度小于3‰，保证了自动跑大车及自动纠偏的精度要求。

（3）对集卡跑道进行平整改造，实现了双车道满足RTG自动化测试要求。

四、使用方式

1. 堆场内自动抓放箱流程

（1）在小车运行到目标排位后，2D激光扫描仪开始扫描目标位或目标箱相对位置信息。

（2）根据扫描结果对吊具姿态及大车、小车位置进行初步调整。

（3）在即将进行抓放箱前进行最终检测，根据吊具上扫描点云、单点激光测距数值及微型高清固定摄像机对锁眼位置、下方集装箱位置或箱角线进行检测。

（4）根据扫描结果对吊具姿态及大车、小车位置进行最终调整。

（5）完成堆场内自动抓放箱。

2. 车道侧自动抓放箱流程

（1）在小车运行到车道上方后，3D激光扫描仪开始扫描相对位置信息，主要包括集卡车轮廓、集卡所处位置或集卡所带箱位置。

（2）根据扫描结果对吊具姿态及大车、小车位置进行初步调整。

（3）在即将进行抓放箱前进行最终检测，根据吊具上扫描点云、单点激光测距数值及微型高清固定摄像机对锁眼位置、拖盘位置进行检测。

（4）根据扫描结果对吊具姿态及大车、小车位置进行最终调整。

（5）完成集卡侧自动抓放箱。

五、成果延伸

1. 下一步研究方向

本成果主要解决了 4 绳单箱场桥自动抓放箱问题，目前公司共 58 台场桥，其中 30 台为 4 绳单箱场桥，28 台为 4 绳双箱场桥，占比近 50%。同时，随着公司业务类型的调整，内贸船舶作业量激增。内贸船舶 20 尺标准集装箱运输量较大，因此航运作业对于 4 绳双箱轮胎式起重机的需求日益迫切。综上，尽快突破 4 绳双箱场桥自动抓放箱技术十分必要。

2. 思路推广

该成果主要针对 4 绳单箱场桥，4 绳单箱场桥是作业工况最为复杂的集装箱码头堆场装卸设备，因此该成果还可应用于作业工况相对简单的集装箱码头堆场装卸设备如 8 绳单箱场桥、8 绳单箱轨道桥等。

太平洋码头公司创新工作小组简介

围绕4绳轮胎式起重机堆场全自动着箱技术的研究项目，公司成立了一个合作精神好、创新意识强、科研素质高、实践成果优的科研创新团队。该团队平均年龄39岁，由天津港集团公司自动化建设首席专家李强领导。团队成员学历高，其中包含博士1名，硕士2名，其余均为大学学历，正高职称1人，副高职称6人。团队成员来自公司各个部门和岗位，实现了跨部门协作。成员组成既有经验丰富能力强的科研带头人，又有不断成长的新生力量进行补充（图7、图8）。

图 7

图 8

创新团队成员均从公司内部择优选拔，专业基础扎实、实践能力突出，对努力推动港口自动化发展具有极高的创新热情。创新团队根据成员各自特点和能力分为多个攻关小组，对自动化升级项目开展有针对性的技术攻关。每一位团队成员都是项目研究的参与者与见证者，明确团队研究的方向和各自的研究任务，不断增强自己的责任感，提升自身的研究力。项目负责人及骨干把握项目实施方向，细致地指导各成员开展项目实施工作。此外，团队会积极与国内外自动化团队紧密合作，营造浓厚的科研氛围，取得了不少科研成果。团队鼓励与支持团队成员参加高层次、高水平的国内外技术交流活动，展示自身科研成果和实力，及时掌握国内外最新自动化技术发展与最新动态。团队会定期参加市交委、市科协、天津港集团公司等组织的各级技术培训。

案例十九:自动化轨道桥有人/无人集卡模式一键切换创新成果应用解析

所属单位:天津港集装箱码头有限公司

创新团队:集装箱码头公司技术部团队

创新成果:自动化轨道桥有人/无人集卡模式一键切换

一、研究背景

天津港集装箱码头有限公司北区于2018年开始“智慧港口”建设,于2021年完成北区全流程自动化示范区建设,形成了以自动化岸桥、自动化轨道桥、无人驾驶电动集卡为基础的全流程自动化作业,在示范区作业过程中实现了岸边、堆场设备的自动化作业,以及水平运输系统的无人驾驶作业。

在示范区全流程作业过程中,无人驾驶电动集卡需实时与自动化轨道桥进行数据交互,进行信息交换实现精准对位并发送到达作业就绪指令,因此,在全流程作业准备过程中需要对自动化轨道桥可编程逻辑控制器(PLC)程序进行修改,将自动化轨道桥作业模式切换为无人集卡交互模式。

在该成果应用之前需要对程序进行离线,离线后更改相应参数和程序语句,该方法步骤烦琐,耗费时间较长,程序在离线后程序内“热值”消失,重新在线后需对“热值”重新定义并下载内容管理系统(Content Management System,CMS)参数,并易产生PLC死机,内容管理系统(CMS)卡死等故障延长状态切换时间且不利于设备正常使用。

为解决以上问题,通过对程序的研究、修改,实现了作业模式的线上切换,即不需要对程序进行频繁上线、离线操作,只需点击变量点即可完成切换,使切换时间从原15~30min改进为随时切换,避免了频繁操作。

二、成果效益

项目主要对自动化轨道桥PLC程序中Auto部分进行研究,主要研究模式切换通过什么逻辑实现。当研究发现无法通过直接修改相关变量进行切换后,团队转变思路,退而求其次,即研究通过第二个变量间接赋值的方法实现线上一键模式切换。项目创新点主要有以下几点:

(1)通过小成本甚至零成本的投入实现了较大的成果,该项目投入资金为零,只是通过企业内一线技术人员的研究改进实现了项目的成功。

(2)通过一个小小的创新点解决了长期困扰企业生产一线的大问题，该项目投入实际应用后，切换时间呈几何倍下降，设备因作业模式切换而出现故障概率更是降低为零，在提高生产作业效率的同时极大地释放了企业维修人员人力资源，为企业提质增效带来良好效果。

(3)通过对程序的优化，使得相关设备更加适合本企业实际生产工况，降低了企业运行成本，优化了相关工艺流程。

在项目完成后通过对示范区内 3 台自动化轨道桥 PLC 程序更新，实现了“一键切换”功能的实际应用，功能上线后自动化轨道桥作业模式切换做到了随时切换，不再占用较多维修资源，降低了全流程作业的准备时间，提高了生产作业效率。随着天津港集装箱码头有限公司北区全流程升级改造的推进，项目应用后的良好效果会随着应用面积的增加而更加明显。

三、成果方案设计

全流程示范区开始作业后为解决自动化轨道桥作业模式切换时间过长问题，经对轨道桥 PLC 程序进行仔细研究后发现：在 PLC 程序 Auto 部分的第 149 段为自动化轨道桥作业模式相关程序语句，在研究过程中发现当语句所描述内容为“in_ForceIsAutomaticItv = TRUE”时自动化轨道桥为全流程作业模式，当等号后为 FALSE 时自动化轨道桥为普通作业模式，但因此时程序中 TRUE 或 FALSE 为固定变量，非热值线上可修改变量，此时为实现模式线上一键切换则 PLC 程序更新改进的思路就变为如何将“in_ForceIsAutomaticItv”变为在线可更新的热值变量。

经过研究，改变量为 PLC 功能块内一个固定变量，无法进行属性修改，但是可以通过间接赋值的方法更改该变量的状态，由此在程序中增加一个变量，变量名称以该项目完成人的姓名作为变量名即“mujiaruitest”，将改变量属性定义为 BOOL 热值变量，即该变量只有 TRUE 或者 FALSE 两种状态，并通过赋值运算将两个变量联系在一起形成如下语句：in_ForceIsAutomatic-Itv = mujiaruitest；因变量“mujiaruitest”为 BOOL 形式的热值变量可在程序中进行上线修改，在进行模式切换时只需线上更改“mujiaruitest”的值即可通过赋值运算将相应的 TRUE 或者 FALSE 赋值给“in_ForceIsAutomaticItv”，从而实现自动化轨道桥的有人、无人集卡模式一键切换(图 1)。

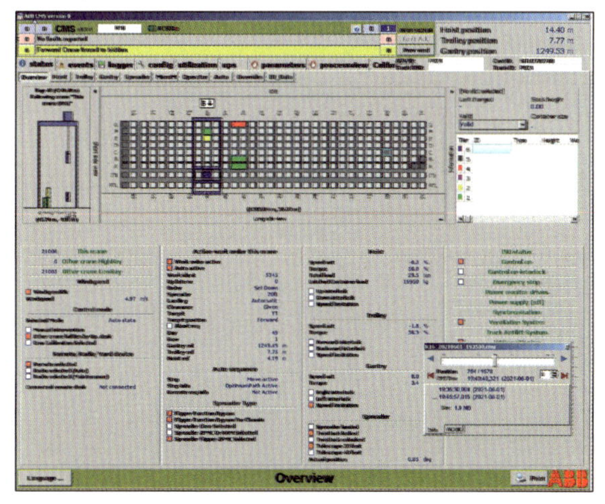

图 1　自动化轨道桥 CMS 所展示的无人集卡作业界面

四、成果使用方式

目前该成果在示范区程序更新测试后使用效果良好，已逐步推广至集装箱公司全部 31 台自动化轨道桥上，结合实际生产中水平运输设备的作业情况进行随时切换，实现了全场设备的即时性切换，无须进行大规模停机切换，极大地降低了设备的非故障停机时间，提高了堆场设备的灵活性、敏捷性，实现了在对码头生产影响最小的情况下的水平运输设备切换工作。

五、成果延伸

1. 拓展空间

目前集装箱公司无人水平运输为无人集卡模式，后期将替换为无人自动驾驶平板车，该项目成果依旧可以在平板车作业工况下进行使用，无须对程序进行大规模的修改。

2. 思路推广

该成果思路还可用于降低国内其他集装箱码头公司在有人、无人水平运输设备混用情况下的作业设备模式切换时间。

集装箱码头公司技术部团队

天津港集装箱码头有限公司技术部"北区全流程自动化升级改造"技术部团队现有成员13人全部来自天津港集装箱码头有限公司技术部，均是技术部设备管理和科技、创新、能源管理工作的技术骨干和精英，是一支充满活力、具有较高知识水平和专业技术水平的科技型队伍。技术部团队始终认真贯彻落实习近平总书记视察天津港重要指示精神，坚持世界眼光、国际标准，致力于技术工艺创新和管理创新。在天津港集装箱码头有限公司"北区全流程自动化升级改造"项目中，凭着勇闯"无人区"的勇气，团队成员克服人员短缺、工期紧张的重重困难，经过无数次反复试验，仅用79天，圆满完成了"自动化岸桥+无人电动集卡+自动化轨道桥+地面自动解锁站"全自动化运行模式下全流程实船作业，刷新了自动化码头升级改造的"津港速度"。该项目构筑了稳定、高效的无人自动化控制体系；实现了全球首次在量产卡车平台上"无安全员"自动运行；成功研发了全球首台集装箱地面智能解锁站；攻克了岸桥防摇防扭技术，完成陆侧"一键着箱"；成功研发了全球首个集装箱设备任务集成管理系统。集卡引导系统、北斗定位系统、5G技术、激光定位扫描系统、六轴自动解锁机器人等技术均达到预期效果，为世界传统集装箱码头自动化改造提供了可借鉴、可推广的"中国方案""天津样板"（图2）。

图 2

案例二十：多源融合集卡车号识别成果应用解析

所属单位：宁波港信息通信有限公司

创新团队：云智实验室

创新成果：多源融合集卡车号识别

一、研究背景

在港口桥吊作业环境下，提高集卡车号识别率对减轻理货人员的工作强度、降低人工成本，提高码头的作业效率具有十分重要的意义。但是由于港区环境复杂、车辆更新频繁，且车号随时间推移也常常出现暗淡、残缺、消失等情况，导致对车号识别困难。特别是外集卡，如何实现高精度的识别一直是困扰整个行业的一个难点。

为此，宁波港信息通信有限公司云智实验室团队开拓创新，依托多年来的算法积累，融合港区的各个资源，基于原有OCR（光学字符识别）识别系统的车辆重识别技术，自主研发了一套多源融合集卡车号识别系统。该系统打破了原先固有的算法架构，引入全新的算法体系，有效解决了车号字符部分暗淡、残缺、消失以及车辆新增、车牌位置更新带来的识别异常等问题，助力码头的自动化、智能化水平再提升。

二、成果效益

多源融合集卡车号识别系统已分别于2022年9月、2023年1月在宁波舟山港甬舟公司、梅东公司正式投入使用，2023年1—3月车号识别率统计见表1。

各码头远控龙门吊/轨道吊2023年1—3月车号识别率统计 表1

码头	集卡类型	统计时段	作业总数	正确次数	识别率(%)
甬舟公司	内集卡	2023年1月1日—3月31日	101562	100631	99.08
甬舟公司	外集卡	2023年1月1日—3月31日	28638	28395	99.15
梅东公司	内集卡	2023年3月1日—3月31日	123224	117925	95.70
梅东公司	外集卡	2023年3月1日—3月31日	70961	67399	94.98

根据表1数据，该系统上线后，甬舟公司轨道吊内外集卡识别率均在99%以上，达到行业领先水平。由于存在吊具遮挡、相机模糊等问题，梅东公司龙门式起重机内、外集卡识别率有

所降低，但仍保持在95%左右，特别是外集卡，相对于上线前的80%，有显著提升。

另统计，梅东公司远控龙门式起重机实际集卡识别超时跳台数据，2月份共作业139893次，其中12039次跳台超时跳台，跳台率8.6%，相比更新前，集卡超时跳台率下降了10%左右，极大地减少了工作人员的工作量，显著地提升了作业效率。

同时，分析了甬舟公司轨道式起重机外集卡3月份识别数据随时间的变化，结果如图1所示。

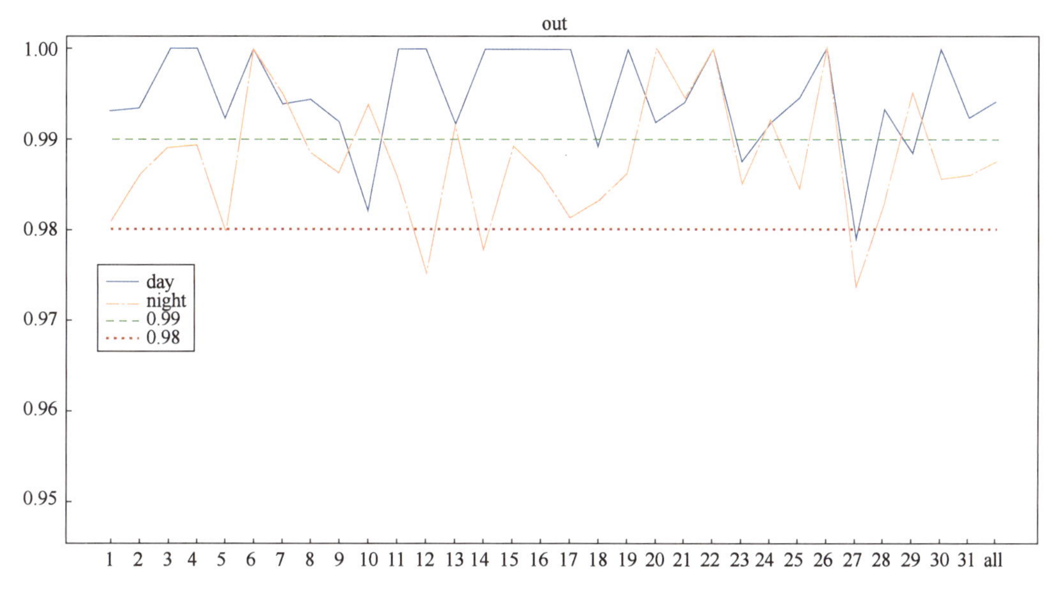

图1 甬舟公司轨道式起重机3月份分时段识别率统计

可以发现，外集卡识别率整体比较平稳，白天波动范围基本在99% ~100%，占比87%，最低识别率为97.8%；晚上波动范围98% ~100%之间，占比90%，最低识别率97.4%。平均识别率白天是99.4%，晚上是98.7%，相差不到1%。同时，发现识别率曲线随时间推移未出现明显下降趋势，表明这一系统的稳定性好，对环境变化，特别是光照、天气、雨雾等天气均具备较强的抗干扰能力，相对于之前的算法，在一定程度上减轻了运维人员的压力。

三、成果方案设计

宁波港信息通信有限公司云智实验室团队，受到以图搜图思路的启发，设计了以车辆重识别技术为核心的车头匹配算法，通过提前建立一个集卡车头图片库，给定查询图片A，在图片库中找到与给定图片A最接近的那张图片B，以图片B的车号作为A的车号。

考虑码头外集卡数目巨大，环境复杂，构建完整的图片库的代价十分巨大，因此基于多源数据融合的思想，对码头操作系统(TOS)作业计划数据、闸口过车作业数据、光学字符识别(OCR)抓拍数据等进行融合，找出未来一段时间内将要作业的车辆并构建动态图片库。从而减少算法显存的占用，并进一步提高识别率。

同时，为了应对突发情况，提高系统的鲁棒性，我们仍然保留原先的车号识别算法，实现二维码识别算法、OCR字符识别算法进行识别及车头匹配算法多引擎协同工作，保障系统的稳定性。

系统整体框架如图 2 所示。

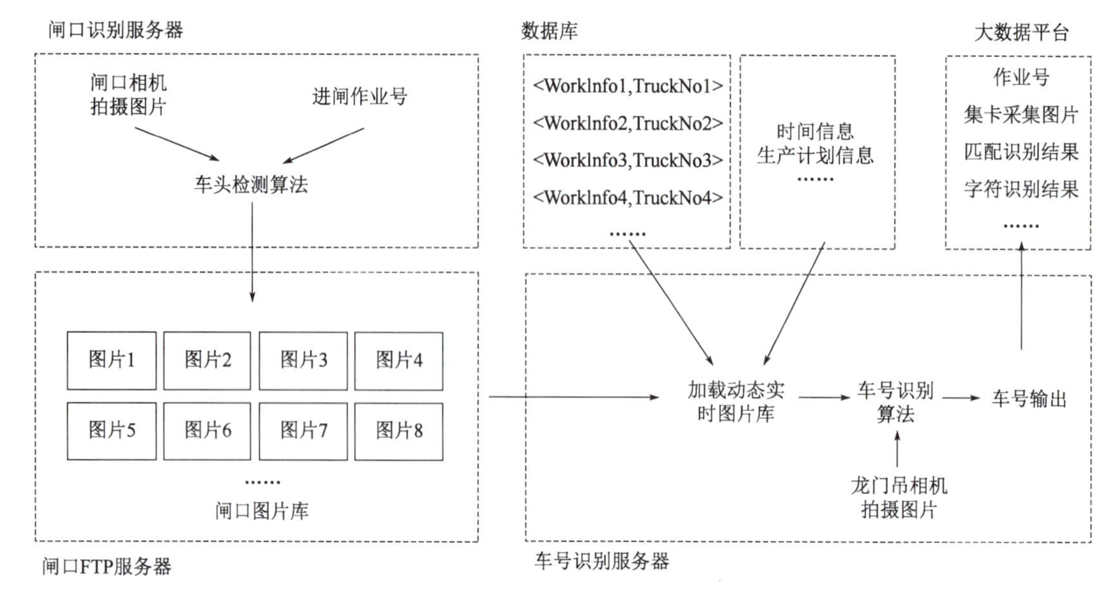

图 2　系统整体框架图

四、成果使用方式

1. 图片库构建

获取并存储各集卡通过闸口进入堆区时的过闸车辆图像，并从数据库中获取各集卡对应的车号信息，构造动态闸口图片库。

2. 各算法模块搭建、训练、融合

这一系统涉及的算法有基于目标检测的车辆定位算法、基于 OCR 的车号字符识别算法、基于车辆重识别的车头匹配算法。在正式投入生产使用前，需搜集相应的图片对模型进行训练。其中，车头匹配算法是结合港口具体场景，使用如下操作：

(1) 数据前处理。

考虑到实际场景中可能由于天气、相机等问题存在图片模糊、遮挡、旋转等现象，对输入图像进行如下数据增强：翻转、增加随机遮挡、引入随机的高斯模糊、对图像进行缩放、改变图像的对比度、对图像进行随机的形变、平移、旋转。

(2) 选择难样本进行训练。

在训练时，每一组训练数据均是随机从训练集中挑选多张图片，挑选出来的可能是很简单的样本组合（很像的两个车头样本和很不像的两个车头样本），而集卡车在外观上较为相似，这一问题将有可能导致网络一直学习简单的样本，从而限制了网络的泛化性，因此在训练时应尽可能挑选难样本进行训练。

(3) 结果后处理。

为了提高识别率，选择 ReRank 作为后处理方法。对于每个待识别集卡车辆 A，根据 probe

从图片库中搜索出来 n 个候选对象$B_1, B_2, \cdots\cdots, B_n$，对于每个候选对象，选择 k 个与该候选对象最相似的对象$C_1, C_2, \cdots\cdots, C_k$，如果$C_1, C_2, \cdots\cdots, C_k$中包含待识别集卡车辆 A，则认为结果的可信性更大。

3. 算法在线使用

算法在线识别流程（图 3）：

（1）获取当前龙门式起重机下的作业集卡的实时集卡图像。

（2）根据实时车辆采集图像的采集时间，提取以采集时间为基准预设时间段内的过闸集卡采集图像。

（3）根据生产计划数据等信息缩小图片库规模。

（4）加载图片库特征信息，基于训练完毕的车头匹配模型，进行车头的相似度计算，获得与龙门式起重机实时车辆采集图像最相似的闸口图片库中的集卡图像的车号。

（5）对龙门式起重机采集的图像进行二维码识别及 OCR 字符识别。

（6）将车头匹配识别结果、二维码识别结果及 OCR 字符识别结果相融合，输出该次作业最终的车号结果。

（7）将识别数据上传并入库。

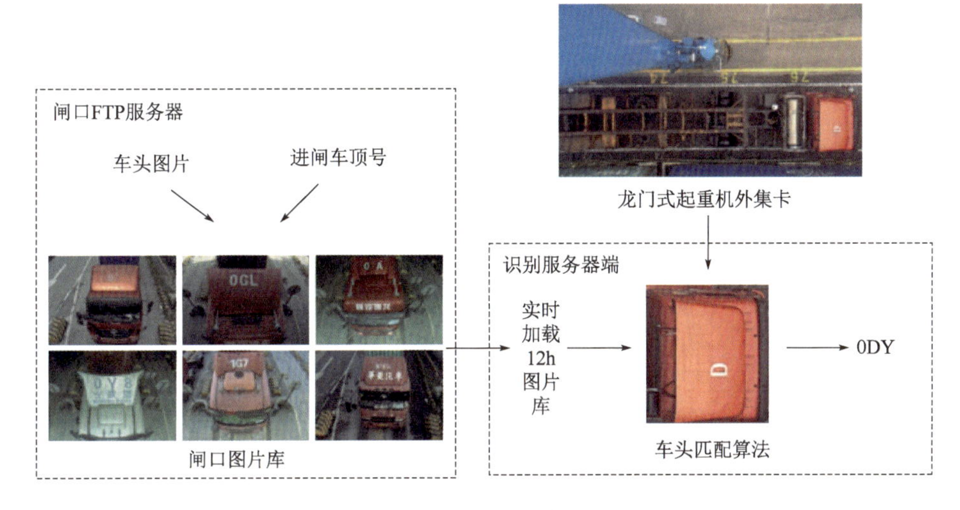

图 3　算法在线识别流程

本案例参考文献

[1] Minghui Liao, Baoguang Shi, Xiang Bai, et al. TextBoxes + + : A Single-Shot Oriented Scene Text DetectorI IEEE transactions on image proccessing: a Publication of the IEEE signal Processing Society, 2018, 27 (8): 3676-3690.

[2] Mccann R, Daily J, Addo G. RFID Technology in Large Truck and Trailer Applications[C]//Commercial Vehicle Engineering Congress and Exhibition. 2007.

[3] Wang X, Shrivastava A, Gupta A. A-Fast-RCNN: Hard Positive Generation via Adversary for Object Detection [C]//IEEE Conference on Computer Vision and Pattern Recognition (CVPR). IEEE, 2017.

[4] 崔冲,刘志,梁荣华.复杂背景下二维条码检测技术[J].浙江工业大学学报,2011,39(5):574-578.

[5] He L,Liao X,Liu W,et al. FastReID:A Pytorch Toolbox for Real-world Person Re-identification[J],2020.

[6] Hao L. Bags of Tricks and A Strong Baseline for Deep Person Re-identification[J]. IEEE,2019.

[7] Zhu X,Luo Z,Fu P,et al. VOC-RelD:Vehicle Re-identification based on Vehicle-Orientation-Camera[J]. IEEE,2020.

云智实验室简介

云智实验室（以下简称“实验室”）现有成员25人，主要负责公司云计算、人工智能等前沿技术研究，并被应用于港口实际。自2019年成立以来，实验室一直秉承“抓创新就是抓发展，谋创新就是谋未来”的理念，将创新放在各项工作的首要位置（图4）。

图 4

实验室在2019—2023年期间，先后承接了《视频流+深度学习在集装箱识别中的应用》《集装箱智能验残技术及OCR在移动端应用的研究》《港口安防智能识别分析研究》《远控龙门式起重机智能识别系统》等8项公司重点课题的研究，对智能理货、智能闸口、智能安防等智能化系统进行关键指标提升和业务场景扩展，并在集团内外多个集装箱码头进行上线使用，其中集装箱箱号识别、内外集卡车号识别等关键指标达到99%，取得了行业领先的技术优势。另外，还具备残损识别、危标识别、人员穿戴识别、车辆行为识别等20余项识别功能，显著地提升了各集装箱码头的实际作业效果和智能化水平，为集团的智慧化建设迈出了坚实的一步。

下一步，实验室将继续秉承创新的理念，紧跟大模型、物联网、大数据等前沿技术，加强相关研究成果到工程应用的转化，进一步提升智能理货、智能闸口、智能安防等系统的各项性能指标，加快智能龙门式起重机、车路协同、智算中心等新产品的研发和推广，不断提升实验室的智能化水平。

案例二十一：扩容导流装置在斗轮堆取料机中的创新应用

所属单位：宁波舟山港股份有限公司北仑矿石码头分公司

创新团队：徐秉盛工作室

创新成果：扩容导流装置在斗轮堆取料机中的创新应用

一、研究背景

宁波舟山港股份有限公司北仑矿石码头分公司北仑分部3号、4号两台克虏伯斗轮堆取料机从德国引进，作为公司主力散货装卸机械在堆场内服役超25年，承载着公司40%物料的进出场作业，其额定装卸效率4200t/h。近年来，随着公司承接作业物料多样化，该机型斗轮机执行疑难矿种取料出场作业时，频繁发生中心料斗堵塞故障，出场流量只能控制在2400t/h以内，严重影响了斗轮机出场效率。

针对该情况，公司对两台克虏伯斗轮堆取料机的机容、机况及生产作业过程进行全程跟踪，发现中心料斗系统存在中心料斗易积料、容易引起落料跑偏、振动给料器易发生压死过载等问题。国内外解决类似问题有两种常用方案：一是需通过选择更高规格振动给料器；二是采用曲线料斗设计理念对振动给料器上方直溜筒料斗及中心大料斗重新设计优化。上述两种方案均具有施工难度大、周期长、成本高的缺点。

为此，徐秉盛工作室对其中心料斗系统进行优化创新改进，通过三维建模、物料特性分析、物料数字高程模型（DEM）参数分析及DEM模型输入参数标定过程分析等手段，设计了一种扩容导流装置，该装置可靠性强、成本较低，非常适合散货码头各种料斗、转接点，可以在斗轮机中心料斗结构不进行大改动的前提下有效地解决了物料流动性不好，以及料斗通过性不大、易堵塞的问题。

二、成果方案设计

（1）针对中心料斗在较大流量作业时容易堵塞的情况，组织人员对两台克虏伯斗轮堆取料机的机容机况及生产作业过程进行全程跟踪，通过不同工况对比，分析中心料斗在物料通过时的瓶颈点，并对疑难矿种日常取料作业时进行观察，发现中心料斗系统存在以下问题：

①中心料斗易积料，从而造成真、假堵塞。

②中心料斗直溜筒常有堵塞现象。

③容易引起落料跑偏。

④振动给料器易发生压死过载现象。

⑤中心料斗系统对下级皮带落料冲击较大，耐磨衬板磨损快。

⑥下级皮带导料槽溢料多。

(2)确认目前流动性较差，易导致中心料斗堵塞的疑难矿种，对这些物料特性进行分析、确认物料的 DEM 参数，以便进行下一步的仿真模拟。

(3)通过 L 形箱试验(图 1)、V 形箱试验(图 2)、静安息角试验(图 3)、动安息角试验(图 4)等科技手段，可以精确地标定物料参数，为 DEM 分析提供真实且可靠的参考。

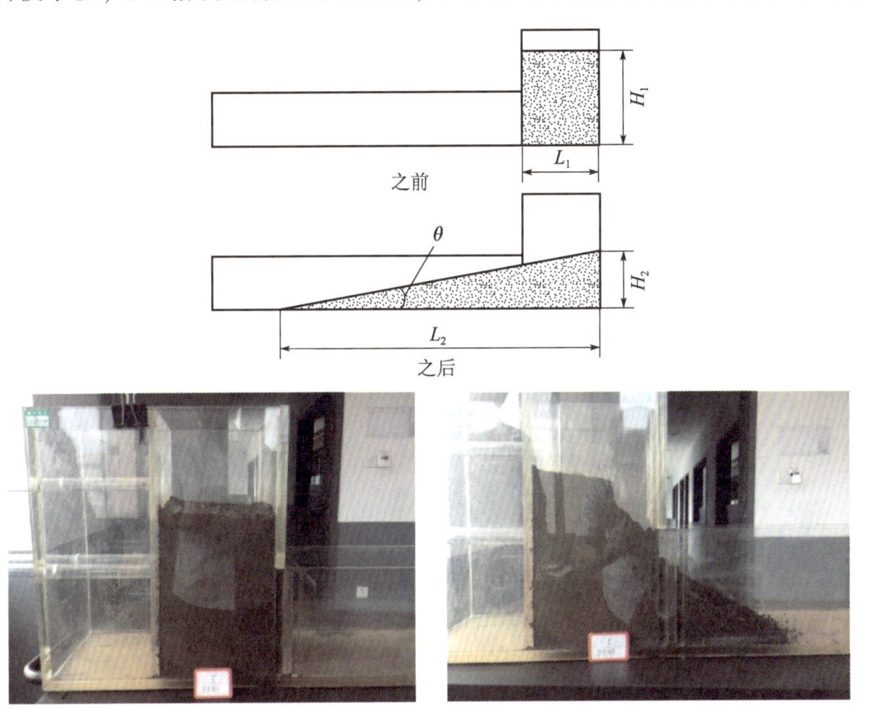

图 1　L 形箱试验

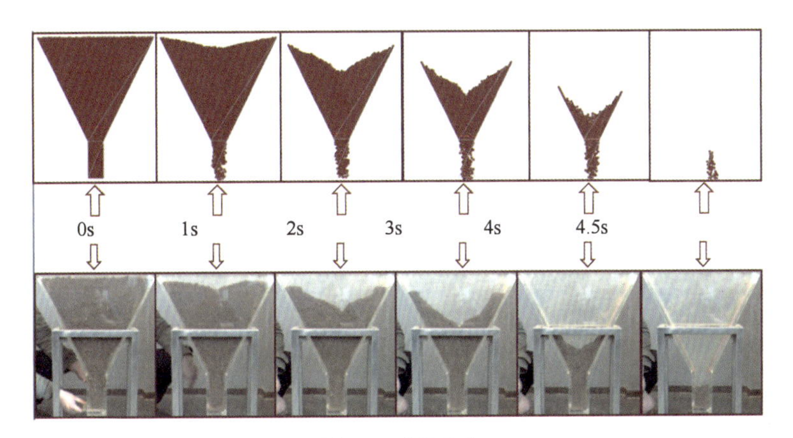

图 2　V 形箱试验

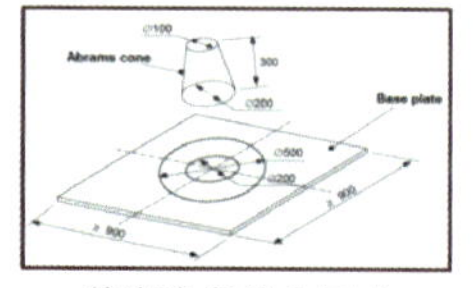

静安息角设备尺寸

物料名称	L_1(mm)	H_1(mm)	W(%)	θ(°)
杨迪粉	242.5	118	9.45	25.9
卡粉	248.5	124	6.67	26.5
PB粉	233.5	128	9.65	28.7
高硅粉	232	130	6.66	29.3

杨迪粉

卡粉

PB粉

高硅粉

图3　静安息角试验

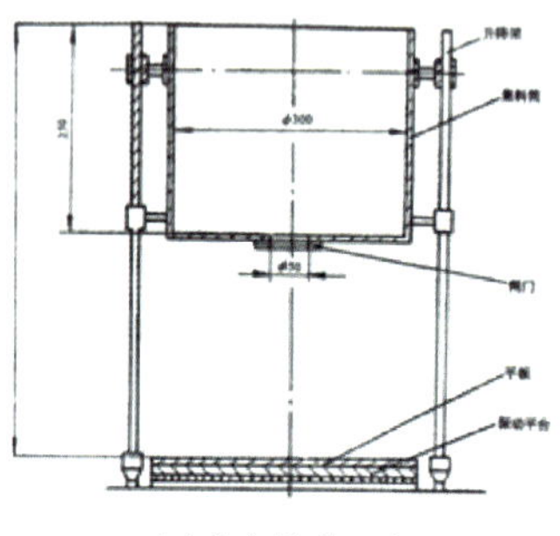

动安息角模型尺寸

DEM模型

动安息角试验主要是测量物料的动安息角，试验设备如上图所示，在进行试验时首先将物料放入集料桶内，特物料静置稳定后，打开集料桶下端的闸门，让物料在重力作用下从闸门流出，在钢板上形成堆积，最后测量物料的堆积角。

动安息角试验

图4　动安息角试验

三、方案制订与实施

(1)克虏伯斗轮堆取料机的中心料斗系统由中心上料斗、直溜筒、振动给料器及卸料罩和出口料斗组成。建立中心料斗系统的三维模型，运用DEM模型输入参数标定过程分析手段确认中心料斗系统瓶颈点，与分析判断相印证(图5、图6)。

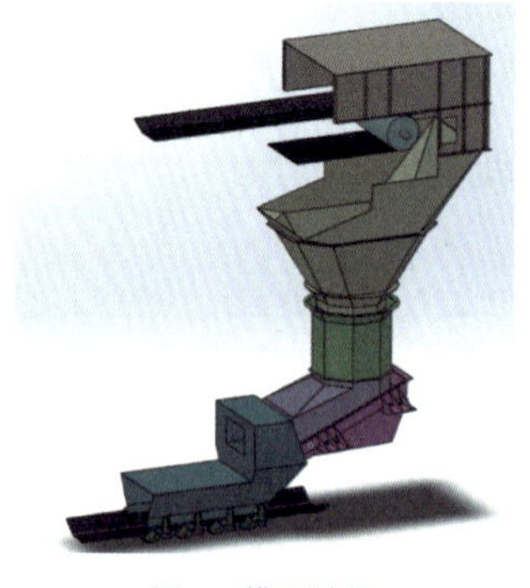
图5　模型结构

图6　仿真模拟分析

（2）参考 DEM 流动性仿真模拟分析，对中心料斗系统进行优化设计，提出扩容导流的设计方案，重点是对料斗结构进行重新设计，采用自动聚料、导料功能的溜槽优化设计，改善物料流动轨迹特性，减少堵料、积料和皮带偏载，使设计方案满足多物料流动的特性，详细方案如下：

①将振动给料器上方直溜筒改为不对称形状，缩短出口前部的料斗壁，抬升振动给料器卸料罩，扩大料斗通料截面。

②在出口后部引入了两截不同角度、带收口的料斗，形成一个导流环，可减少振动给料器的作业负载。此外，导流环还可将物料引导聚拢为整体料流，减少物料输送过程中相互撞击造成的速度损失，缩短物料在振动给料器上的时间。

（3）同样将优化方案进行 DEM 模型输入参数标定过程分析，并对方案细节进行优化、再确认。通过多次模拟仿真保证物料流动过程顺畅，在挡料板及溜管内不会发生堵料起拱现象，物料的对中性较好，皮带不会发生偏载现象（图 7、图 8）。

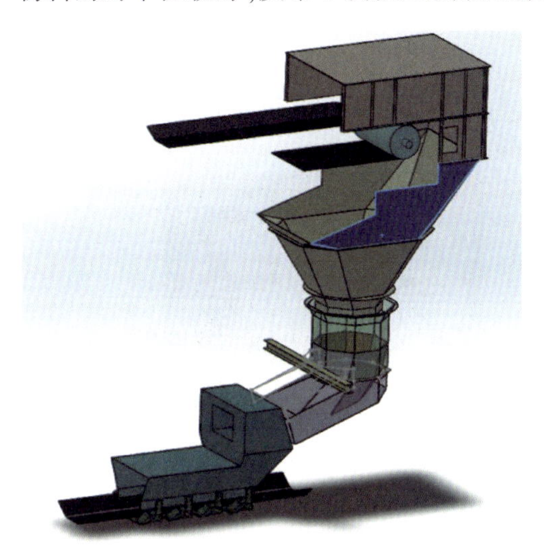

图 7　优化方案

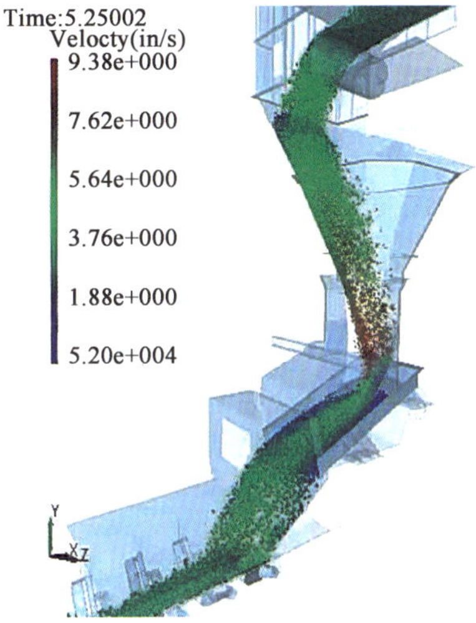

图 8　DEM 流动效果

（4）利用三维制图软件建模，在不影响周边结构的前提下，尽可能提高卸料罩高度，垂直高度从原来的 800mm 提升到 1300mm，通过截面从原来 $1.6m^2$ 提升到 $2.6m^2$，同时卸料角也得到了显著优化，提升了物料的通过性，减少了卸料罩部位的堵塞概率（图 9、图 10）。

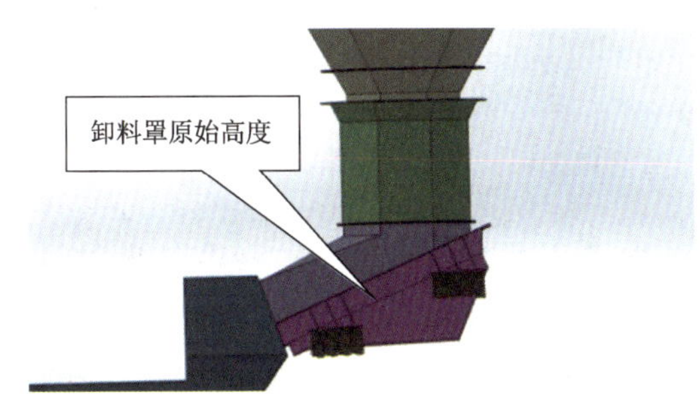

图 9　卸料罩原始三维图

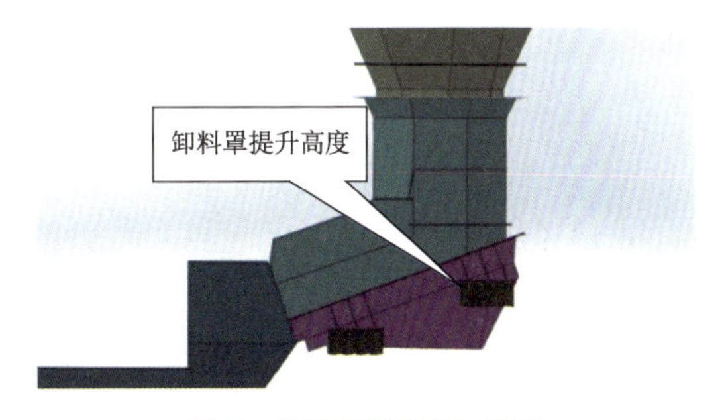

图 10　卸料罩高度提升三维图

（5）优化直溜筒与振动给料器夹角，从直溜筒下往上 1000mm 位置开始往出口方向前倾 500mm，以改善物料在直溜桶底部的堆积，与振动给料器的夹角从 110°提高到 150°，由于卸的流动性,减少物料成拱现象,避免物料运动速度大幅下降而导致堵塞(图 11 ~ 图 15)。

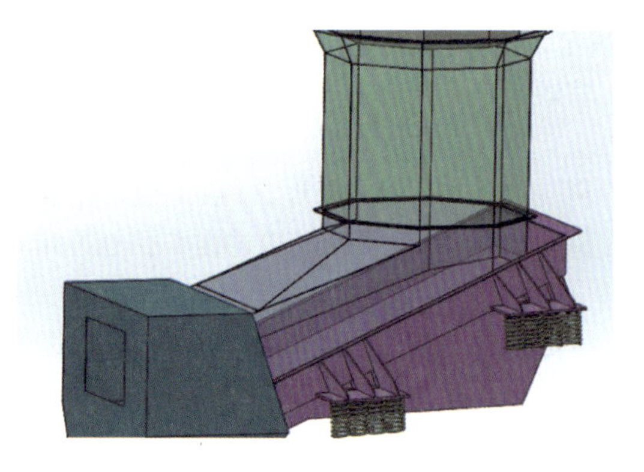

图 11　直溜筒原始三维图

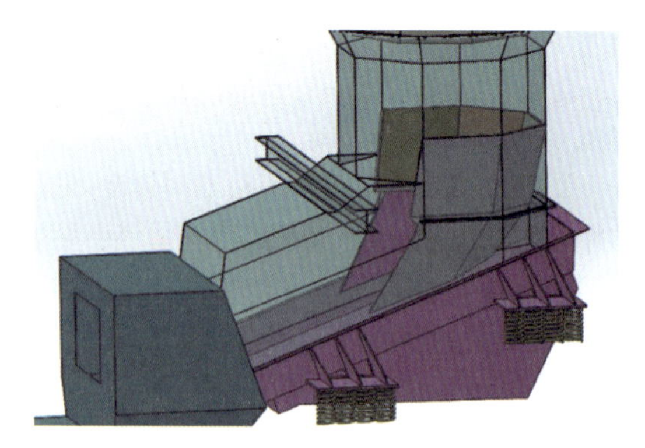

图 12　直溜筒底部角度修改三维图

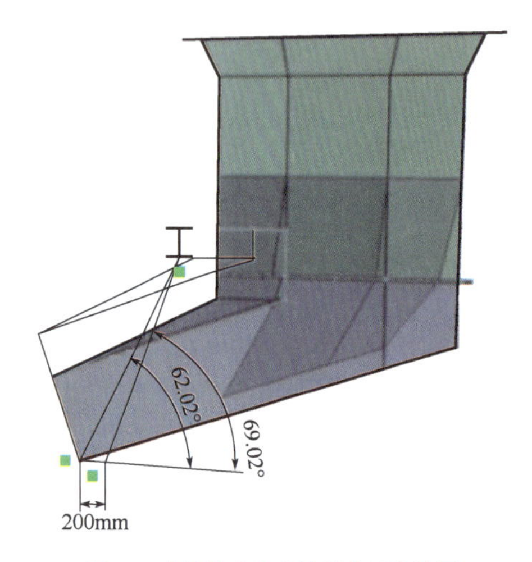

图 13　直溜筒内扩容导料装置设计图

图 14　扩容导料装置现场安装效果图

图　15

图 15　现场安装调试图

（6）与此同时，工作室加强技术组与运行人员的沟通交流，开展技术交流会，通过实际操作和培训，提高运行人员的技术水平，熟记不同机种特性，根据变频器的回转速度和行走速度，控制旋转角度，以合适的切入角进行取矿作业，保证取料的稳定性。

四、取得的成效

1. 直接经济效益

（1）降能耗产生的效益。根据生产数据统计，改造前克虏伯斗轮堆取料机装船船时效率（船时效率指船靠泊至离泊期间的在泊作业效率）为 1683.8t/h，改造后装船船时效率为 2034.61t/h，按 2018—2019 年克虏伯 2 台斗轮机平均装船量约 1200 万吨，据 2019 年能耗数据统计分析，装船用电损耗为 0.509 元/t；可节约用电能耗：$12000000 \times (1/1683.8 - 1/2034.61) \times 1683.8 \times 0.509 = 105.3$（万元）。

（2）故障停机减少产生的效益。原先斗轮机取料堵料故障频发，每次流程堵塞故障处理平均约 20min，按 2019 年因料斗系统堵塞引起的故障次数为 33 次，按照装船费用 2 元/吨计，每年影响经济效益 $3162 \times (20 \times 33/60) \times 2 = 69564$（元）。

（3）人工清理费用节约。清理人工费按 106 元/工（以每次故障需要 4 人清理计算），节约人工清理费：33 × 4 工 × 106 元/工 = 13992（元）。

以上经济效益总计为 113.66 万元。

2 台克虏伯斗轮堆取料机中心料斗改造总共花费约 5 万元，每年带来的经济效益约为 108 万元。

2. 间接经济效益

改造后的克虏伯斗轮机出场作业可以满足额定 4200t/h，瞬时 5250t/h 作业效率要求，通过近几个月实际生产需求的验证，斗轮机取料作业效率从改造前 2400t/h 左右，提升至平均 3612t/h 流量，效率提升到 1.51 倍，极大地减轻设备管理人员管理的压力以及现场操作维护人员的工作压力。

3. 社会效益

此外,物料落点正且对输送带冲击小,有效地将物料聚拢在输送带的中心上,对环境起到了积极的保护作用,为文明港区建设作出了铺垫。

4. 所获奖项

该项目成果《提高克虏伯斗轮堆取料机出场通过能力》在 2021 年 9 月获得亚洲质量改进案例三等奖、交通运输行业 2021 年度优秀质量管理小组。获国家专利《一种斗轮堆取料机的中心料斗》(专利号:ZL 2021 21864157. 0)专利证书、质量证书如图 16、图 17 所示。

证书号第15473045号

实用新型专利证书

实用新型名称:一种斗轮堆取料机的中心料斗

发　明　人:徐秉盛;张小龙;赵卫;王浙斌;付胜鹏;张浩涛;林姻姜
张迪;唐良亚;劳丹栋

专　利　号:ZL 2021 2 1864157.0

专利申请日:2021 年 08 月 10 日

专 利 权 人:宁波舟山港股份有限公司北仑矿石码头分公司

地　　址:315800 浙江省宁波市北仑区新碶迎宾路 8 号

授权公告日:2022 年 01 月 11 日　　授权公告号:CN 215477960 U

国家知识产权局依照中华人民共和国专利法经过初步审查,决定授予专利权,颁发实用新型专利证书并在专利登记簿上予以登记。专利权自授权公告之日起生效。专利权期限为十年,自申请日起算。

专利证书记载专利权登记时的法律状况。专利权的转移、质押、无效、终止、恢复和专利权人的姓名或名称、国籍、地址变更等事项记载在专利登记簿上。

局长
申长雨

2022 年 01 月 11 日

第 1 页 (共 2 页)

其他事项参见续页

图 16　专利证书

图 17　质量证书

本案例参考文献

[1] 黄学群. 运输机械选型设计手册[M]. 北京：化学工业出版社,2011.
[2] 蒋琼珠. 连续运输机[M]. 北京：人民交通出版社,1986.
[3] 李春亭. 基于 EDEM 物料转载系统模拟与优化[J]. CAD/CAM 与制造业信息化,2013(8):53-56.
[4] 张文超,黄强,黎胜龙,等. 基于物料流动性分析的料斗优化设计[J]. 起重运输机械,2018(7):75-79.

徐秉盛工作室简介

为持续激发职工创造活力，增强企业自主创新能力，2014年宁波舟山港股份有限公司北仑矿石码头分公司成立徐秉盛工作室（以下简称“工作室”）。工作室的领衔人徐秉盛，获评浙江省“百千万”高技能领军人才培养工程、“优秀技能人才”“海港工匠”，高级技师。工作室现有成员31人（图18）。

图 18

工作室秉承“真理来自实践，创新产生效益”的工作理念，围绕公司生产经营中心，积极探索科技攻关、工艺革新、新材料试验等技术创新，自成立以来取得创新成果150余项，其中国家级成果10余项，省部级8项，市级3项。

在创新攻关方面，工作室凝聚集体智慧，不惧困难，敢于创新，针对设备上的疑难杂症开展攻关创新和质量控制（QC）活动，尤其近年来取得了较为突出的成绩。其中，《提高克虏伯斗轮堆取料机出场通过能力》于2021年获得亚洲质量改进三等奖、交通运输行业2021年度优秀质量管理小组；《散货机械升降导料槽装置联动式挡板机构开发应用》获得中国港口科技进步二等奖；《智能化散货码头生产监控系统的研发与应用》获得全国交通企业管理现代化创新成果一等奖；《降低SR6斗轮机回转集中润滑故障次数》荣获交通运输行业2019年度优秀质量管理小组、《桥式抓斗卸船机提能提效关键技术的研究开发及应用》《斗轮堆取料机与过机皮带机多工况衔接技术创新》获得中国港口科技进步三等奖。另外，还获得了两级公司技术创新、技术攻关、“五小”成果等各种奖项120余项。在多年的沉淀和积累下，工作室围绕公司的设备设施，先后提出了数十条合理化建议，并积极配合公司，着力于新技术、新材料、新工艺的引用和推广，为公司带来经济效益达4000余万元。

在成果转化方面，截至2023年1月，工作室已获得了《一种臂架式斗轮堆取料机的提升溜槽》等16项国家实用新型专利发明，《一种小车轨道的修复方法》项目获得国家发明专利。

案例二十二：智能化电子收费系统项目成果应用解析

所属单位：广州黄沙水产交易市场有限公司

创新团队：黄沙水产数字化创新团队

创新成果：智能化电子收费系统

一、研究背景

广州黄沙水产交易市场有限公司是广州港集团全资子公司，是华南地区乃至国内非常大的水产综合市场之一，其作为广州市区内重要的水产品交易生产场所，停车区域承担了大量的水产品交易服务功能，车辆类型复杂，品种繁多，车流量非常大，尤其在夜间高峰期；收费员需根据进场车辆的车型、货类进行收费，对出场车辆需进行计时收费和超时费收费，操作流程繁复；同时，需要反映水产行业情况，这就要求车场系统必须能够提供准确的车辆信息数据支持。车场“智能化电子收费系统”项目升级改造旨在提升车场运行服务效率，同时解决长期存在的单一现金收费模式下管理效率低以及业财数据不一致的现象。

二、成果效益

自智能化电子收费系统升级改造实施后，有效提升的车辆进出场效率，有效增加了场内车辆运转速度，2021 年同比 2020 年车辆进场服务费同比增加了 158 万元，增幅达 5.1%。同时，提升了进出场费收效率，并且规避了单一现金收费的管理风险，为生产经营分析提供准确的数据支持。

1. 提升车辆流转效率

系统改造后车牌识别成功率达到 99% 以上，引入多渠道非现金支付方式，大幅减少了现金收费，使收费员操作更加快捷、便利。客户月保交易车、小车的车牌信息进行数据入库，使用车辆识别技术对车辆进行甄别，在库车辆则直接通行，通过加快场内车辆流转，更多原本拥堵在外围的车辆进场交易，收费效益明显增加。

2. 降低生产成本

以往收费员需每个班次填写纸质财务报表、纸质定额发票使用记录本以及负责大量的现金找零工作，不仅工作流程烦琐、容易出错，且需要投入较大的人力、物力。智能化电子收费系统升级改造完成，引入了智能化识别和非现金支付后，操作及管理流程得到最大程度的优化，有效减少工作人员3名，每年减少人工成本约50万元、相关物资成本约20万元以上。

3. 有效杜绝管理漏洞

在旧系统的模式下，收费员需向客户提供对应金额的纸质定额发票，在纸质发票管理和监督上不仅工作量大，而且容易出现漏洞。在引入电子发票功能后，提供全过程证据链，既优化了工作流程，也解决了纸质定额发票的管理漏洞，同时减少了纸质发票的使用成本。

4. 提供精准的数据支撑

智能化电子收费系统启用后，各类车辆的车牌信息、进出时间、进出场收费金额、超时费等都有详细的记录，管理人员对收费业务能够进行有效的监控。同时，通过智能化电子收费系统的统计模块，对进场车型、货类、费用进行统计分析，能够为行业分析、停车区域优化分析提供数据支撑。

5. 强化社会责任担当

为响应政府对食品安全和疫情防控的工作要求，系统配套水产品溯源管理系统，强化了进场交易水产品的溯源与食品安全管理，完善了市场方水产品溯源、食品安全、疫情防控、水产品流通等一系列管理措施的同时，通过信息化手段，以精准、高效的智能化电子系统支持政府在食品安全与疫情防控等一系列监管工作，为政府分担压力，肩负起服务民生的社会责任，为市民"吃得放心"保驾护航，履行黄沙水产交易市场作为国有企业的担当。

三、成果方案设计

1. 量身定制独特的智能电子收费系统

升级改造的智能电子收费系统是采用最新智能图像识别、互联网通信、移动支付等技术，在传统停车场系统的基础上，结合黄沙水产业务特点量身定制的，实现了收费流程智能化管理、无现金化管理、业务与财务数据一体化管理等创新功能创新。系统架构图如图1所示。

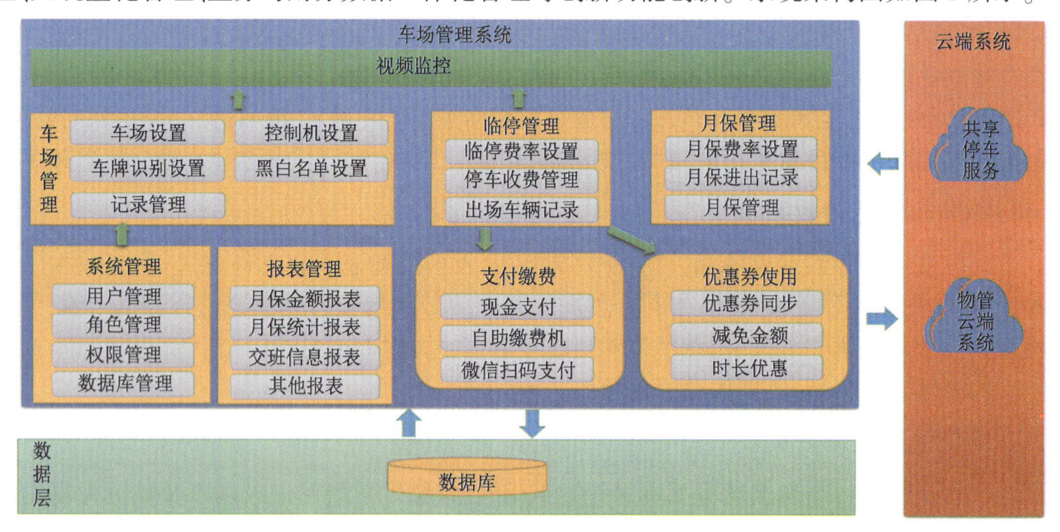

图 1

2. 配套水产品溯源管理系统

本项目能精准跟踪车辆类型、交易产品、车辆型号、进出场情况等车辆信息，为水产品溯源系统提供精确、有力的数据依据，为市场方在食品安全和疫情防控的工作上提供信息跟踪和智能监控的作用。

四、成果使用方式

1. 使用智能化电子收费系统

员工在出入口使用定制的智能化电子收费系统，实现车辆进出场信息化管理、非现金支付管理、业务与财务数据一体化管理等功能。入场车辆的车牌作为核心数据建立交易车辆历史数据库，并形成该车牌的溯源码，作为该车辆入场交易的唯一凭证，通过一段时间的数据沉淀，交易车辆数据库变成为车辆管理及溯源管理的核心数据。智能化电子收费系统使用场景如图2所示。

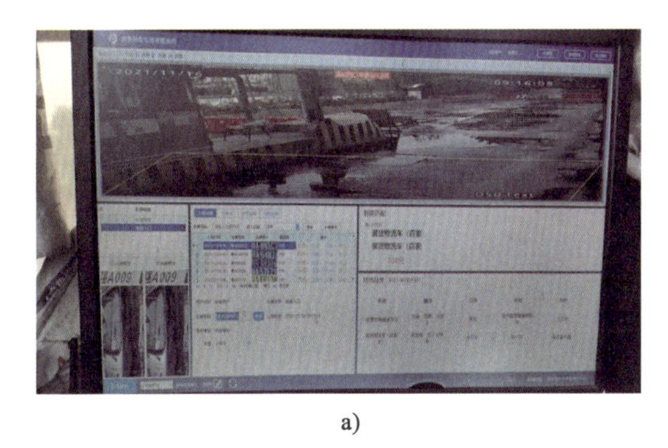

a)

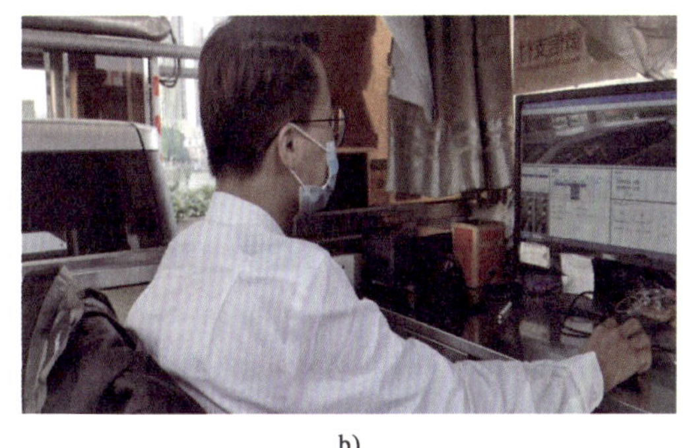

b)

图 2

2. 水产品安全溯源管理

交易车辆车牌信息为智能化电子收费系统的核心数据，同时成为水产品来源的核心标识，通过小程序端实现一车一码的溯源管理子功能模块，并以入场作为依据激活溯源码，以供消费者扫码溯源形成相应交易电子凭证。部分功能页如图3～图5所示。

图 3

图 4

黄沙水产交易市场物流区

进出凭证

日期：2021-09-14 09:02:39　车牌号：粤A54322　经销商：范小帅　电话号码：13535198888

品种/品名	数量/质量	单价	金额
明虾	50kg	￥60/kg	￥3000元

图　5

五、成果延伸

1. 实现流通环节的溯源闭环

水产品和传统的农产品一样，因标准化程度不高、原产地溯源监管以及检测难度大，大部分的食品安全监管只能集中在流通环节，而产品流通速度快、时效性强等特点更是让食品安全管理难上加难。结合实际情况以及食品安全管理的要求，系统实现一车一码的溯源管理体系，并应用到交易车辆的销售环节，实现销售与采购在专业市场流通环节的溯源闭环。

2. 搭建交易车辆核心数据库

因水产品行业的专业性，大部分交易车辆相对较为固定，智能化电子收费系统通过日常对交易车辆信息数据汇集及统计，形成交易车辆核心数据库，用于收费类型匹配、车辆溯源码规范等方面，原本超40种的计费规则无须再人工选择，智能化电子收费系统自动匹配有效提升了现场管理效率。

黄沙水产数字化创新团队简介

紧跟国家、省、区、市对数字经济工作的部署和行业发展新趋势、新需求，黄沙水产市场组建数字化创新团队，积极践行数字化转型工作（图6）。

图 6

（1）着力打造的线上商城以自营加工贸易为基础，依托实体平台批发、零售等业务，搭建面向全产业链的 B2C、B2B 的线上交易服务，汇集物流配送体系建设、供应链金融、行业信息服务、水产品价格指数、交易大数据管理与分析、电商直播等功能，将交易平台与国内、外各产区货源供销对接，实现“买全球，卖全球”，通过数字化赋能水产行业全产业链整合发展。

（2）推进建设大宗水产品集中交易结算和溯源质控工程，采用物联网技术，实现对水产品销售流通环节的食品安全监管、数据跟踪等功能，全面提升水产品品质保障，为消费者提供安全、放心的水产品，并同步提供资金清分、信用管理等增值服务，赋能传统交易业务的创新升级，提升“黄沙水产”品牌知名度，体现国有企业在食品安全管理及客户服务方面的责任与担当。

（3）结合黄沙水产数字化升级转型的需求，打造集智能终端、集中数据采集与分析、供应链生产管理、智能化物业管理、在线客服等为一体的市场智能化综合管理平台，通过数字化全面提升专业批发市场管理及服务效率，推动水产行业持续健康发展。

案例二十三：铁路道口自动升降横杆装置创新成果应用解析

所属单位：广州港新沙港务有限公司

创新团队：凤鸣创新团队（创新工作室）

创新成果：铁路道口自动升降横杆装置

一、研究背景

广州港新沙港务有限公司平交铁路道口建设时间较早，由于道口间经常有大型货运卡车途经，为了便于通行、货运周转，道口初期建设宽度为14～18m。

公司7号道口宽度为18m长，目前港区内常用的道闸闸杆一般长度为4～6m，闸杆完全放下时铁路道口尚有4～6m的空隙距离，不能起到有效阻拦作用，若有人员和车辆在火车通过时违规穿越道口，将会造成很严重的安全事故。若选用近期新出的超长道闸，闸杆最长也只能达到8m的长度，中间仍有2m空隙，而且长闸杆在刮阵风等恶劣天气时，闸杆很容易被风刮断。

为响应公司安全生产的号召，降低铁路闸杆损坏率，缩短闸杆更换的维修周期，凤鸣创新团队以“研发一种新型铁路道口自动升降横杆装置”为最终目标进行研讨，专项定点设计，开展了本次创新改造活动。

二、成果效益

凤鸣创新团队成功研发的铁路道口自动升降横杆装置已经在7道口现场安装验收合格后初步试运行，2020年12月开始投入使用，至今已达3年多，其间我们对使用效果进行了跟踪检验。闸杆放下后，离地距离为1.2m，不再有保护空隙；闸杆故障次数由活动前的6次/年降至活动后0.5次/年，效果显著。

1.经济效益

该成果使用前，平均每年每个道口发生6次道闸故障，每次需要7天更换闸杆，每条不锈钢道闸公司采购价为1.04万元，据此每年可减少材料费开支为1.04×6=6.24（万元）。

根据公司《铁路道口应急管理规定》：当铁路道口存在一根或一根以上道闸发生故障、不能及时落下时，道口值班人员需要在火车进港前向生产业务部申请2名道口值守工人，据此项每年可减少人力成本开支为0.02×2×7×6=1.68(万元)。

综上,采用新型的铁路道口自动升降横杆装置后,每年预计可为公司节约10.48万元开支。

2. 隐藏效益

新型的铁路道口自动升降横杆装置应用后,7道口原来传统道闸留下的4m保护间隙被消除,有效杜绝了行人及车辆违规横穿道口的可能,而一旦其与火车发生碰撞,对公司乃至社会的造成损失都是不可估量的;减少了安全隐患,对公司的长久发展具有良好的促进作用。

三、成果方案设计

(1)在道口两边浇筑混凝土(C30)基座,基座尺寸1.5m×1.5m×1.5m。基座表面安放预埋件,尺寸0.5m×0.5m,预埋件中心跨度18m。

(2)龙门式自动升降栏杆(图1)系统安装,两边立柱与预埋件焊接,立柱规格:200mm×300mm×8mm方管。并加装4块筋板,筋板规格:150mm×120mm×10mm,在立柱顶端安装横梁,采用M20螺栓连接,横梁规格:200mm×300mm×8mm方管。

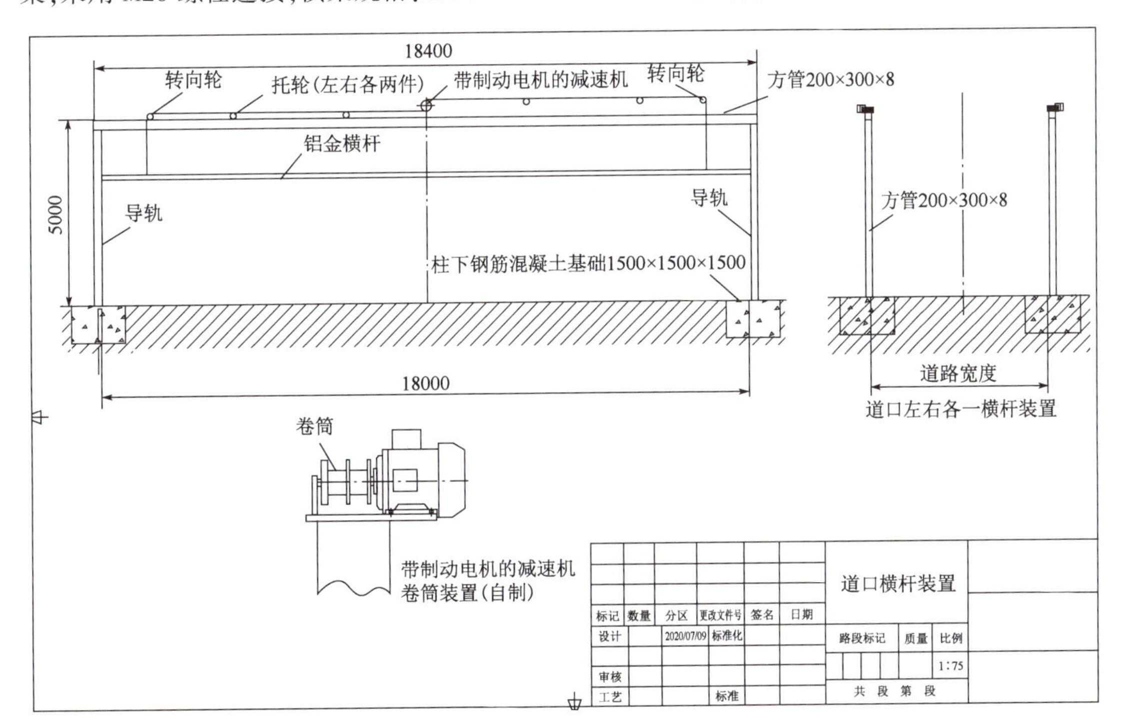

图1 铁路道口自动升降横杆装置图(尺寸单位:mm)

(3)在横梁中部安装卷筒装置(自制),安装导向滑轮,使用中6mm镀锌钢丝绳与悬挂栏杆连接。栏杆规格:50mm×200mm×3mm铝合金方管。在立柱两边安装横杆导轨,304不锈钢U形槽。

(4)卷扬机电源与现有自动控制电源匹配。

(5)油漆使用宣传牌。立柱四面加刷黄黑警示漆,横梁左右加刷黄黑警示漆,横杆四面贴反光膜。

(6)定制限高标志牌并安装。

(7)在龙门装置框架上安装警示灯带,由控制装置在下闸后亮起,升闸关闭。

(8)龙门装置左侧安装爆闪红蓝 LED 警示灯,用以警示过往行人和车辆。

四、成果使用方式

1. 制作混凝土基础

实施目标:小组成员经过现场测量并讨论,决定将混凝土基础安装于道闸机箱靠铁路一侧,每一组混凝土基础中心跨度 18m(图 2)。一共 2 组。

质量检查:4 个混凝土基础的浇筑未对 7 号道口作业造成其他负面影响,无基础破损、预埋件突出等现象发生,符合预期要求。

结论:通过 2 组混凝土基础的浇筑及预埋件的安装,有效增强了龙门架主体的稳定性、抗风性。

2. 安装立柱及横梁。

实施目标:遵循龙门架自身结构力矩分布要合理,能承受自身重力,并且遭受中度撞击时不会发生明显形变或坍塌的原则,小组选用了规格为 200mm × 300mm × 8mm 的立柱方管;为了和预埋件有效固定,立柱下加装 4 块筋板,筋板规格为 150mm × 120mm × 10mm;在立柱顶端安装横梁,采用 M20 螺栓连接,横梁规格为 200mm × 300mm × 8mm 方管(图 3)。

图 2　混凝土基础图

图 3　立柱安装图

质量检查:经现场测试证明,安装横梁的结构稳定,安装位置醒目,不存在视线遮挡等负面影响,符合预期要求。

结论:通过焊接预埋件的方式安装,不仅安装效率高,而且受力均衡、结构稳定。

3. 电机及卷动装置的选型与安装

实施目标:用于升降的铝合金横杆长度为 18.4m,质量达 60kg,选用的提升电机最大提升质量至少为 180kg;一次升降横杆时间最好在 30s 左右,因为过快容易加剧钢丝绳的磨损、加大安全隐患,也减少了留给通行车辆驾驶员的反应时间;过慢则会影响港区车辆通行效率。对此,经小组讨论决定,选用电机功率在 3 ~ 4kW、提升速度能达到 10m/min 的提升电机(图 4),以满足使用需求。

质量检查:所选型号的电机功率适中,提升速度合适,牵引钢丝绳一次升降横杆的时间在35s左右,符合预期要求。

结论:通过电机的控制,可以匀速地将横梁升降到指定高度,实现有效替代道闸的物理功能。

4. 限位保护开关控制

实施目标:铝合金横杆升降时,受多种因素的影响,仅仅靠开关动作时间来判断横杆移动距离存在误判概率。当利用横杆运动时,其自身碰撞装在极限位置前的行程开关,使其触头动作来实现接通或分断控制电路,就能达到精准断开电机的功能。

质量检查:限位保护开关(图5)在铝合金横杆升降到与其接触到的位置时能及时跳开。

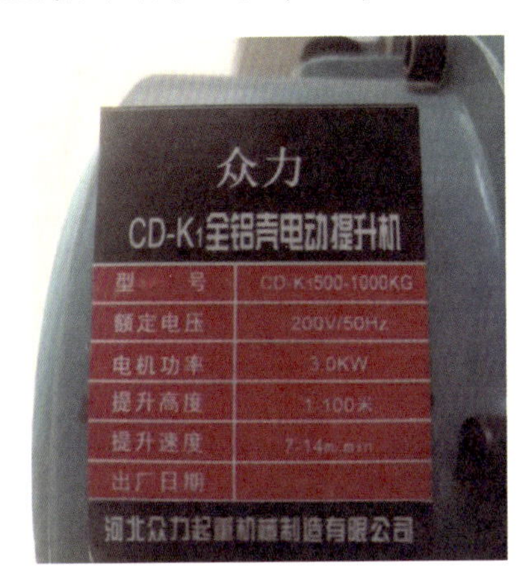

图4 电机型号图

图5 限位保护开关型号图

结论:限位保护开关的安装,达到横杆运动到极限位置时,行程自动停止的目的。同时,每个限位装设两个行程开关,避免了出现某个开关故障就不能动作的情况。

5. 控制信号处理

实施目标:为了在3道口旁的值班室可继续控制7道口横梁的升降,需要将7道口内已经接入道闸信号电箱内的控制线路板的线路与值班室控制电缆接好并进行调试。

质量检查:信号线无破损,信号传递及时。

结论:值班室可有效通过原来操作台的操作按钮对7道口升降横杆装置进行控制。

五、标准化措施

为了保障此次铁路道口自动升降横杆装置的正常运行,我们对该装置实施了三项措施如下。

1. 项目资料归档

为巩固活动成果,凤鸣创新团队将此次创新改造中对一种铁路道口自动升降横杆装置的研发设计方案、仿真图纸、仿真视频、施工图纸等其他资料进行整理归档保存在生产保障部内,作为以后其他道口改造的参考案例。

2. 规范管理

(1)为了进一步确保该装置的正常运行,每天需做好其维护保养工作。

(2)为了对该铁路道口自动升降横杆装置进行管理,风鸣创新团队将该设备上报财务,纳入公司固定资产管理,为其单独建立台账。

3. 项目推广

鉴于该铁路道口自动升降横杆装置可以有效地解决道闸存在保护空隙和闸杆损坏率高的问题,后续风鸣创新团队可将其推广到公司剩下的 1 ~ 6 道口和其他港口单位。

风鸣创新团队（创新工作室）简介

广州港新沙港务有限公司生产保障部风鸣创新团队（创新工作室）成立于2008年，是一支具有较强技术能力和丰富维修经验的创新团队，旨在通过不断探索、实验、反思和改进，寻找新的创新解决方案，并为公司带来更大的价值。2009—2015年连续7年获得过广州市"羊城杯"优秀质量控制（QC）小组；2009年、2012年荣获广东省优秀及全国交通行业优秀质量管理QC小组及成果奖等成绩（图6）。

图 6

小组成员来自不同的背景和专业领域，发挥多重眼光和思维模式，激发出多元化的创意和灵感。团队以"安全可靠供配电，团结高效促生产"为目标，坚信能够继续发扬勇于创新的精神，充分展现码头电力工作者的风采，从而更好地保证了广州港新沙公司的供电质量及可靠性。

案例二十四：船舶舱口布控球监控及提醒系统创新成果应用解析

所属单位：江苏连云港港口股份有限公司东方港务分公司

创新团队：顾宁锋劳模创新工作室

创新成果：船舶舱口布控球监控及提醒系统

一、研究背景

随着经济的发展，港口作业的需求量越来越大，件杂货作业占比逐年增加。件杂货作业相比较散货作业难度大，安全风险点多，因此做好件杂货作业的安全监管是工作室一直研究的重要方向。现有件杂货舱内作业安全监管手段多为人工干预，在很多情况下安全隐患有遗漏；在作业期间，只有舱内作业人员与现场监管员了解作业过程，作业单位无法及时得知具体作业中遭遇的突发状况，无法给出正确合理的作业要求以及突发预判。一旦发生事故，无法了解事故发生的原因及过程，对于后期排查隐患造成极大困难。

针对上述情况，工作室设计出了一款可运用于船舱内安全作业的监控及提醒系统（图1）。该系统由监控球机和监控枪机组成。每个舱口作业时配备一球一枪，枪机负责全景拍摄，球机负责机械作业和人工作业的细节拍摄。该系统可移动便携，方便拆装。

图 1

二、成果效益

整套监控设备底部配备强力磁铁,可吸附在船舱上任意位置,视频实时画面和录像画面可通过手机 App 或者 PC 端进行访问查看,也可远程调整监控球机拍摄位置及画面大小,自该套监控设备使用以来,极大地减少了舱内违章作业的发生,确保了舱内人员及机械的作业安全。目前,公司已全部熟练运用该监控设备,并被集团内其他分公司普及应用,事故安全率降低了50%,减缓了安全监管的压力,该套监控设备可进行全天候不间断监控,不放过任何死角,将舱内作业环境事无巨细地呈现在画面中,使港口生产在安全监控、调度、远程指挥、紧急情况处理等方面的工作效率和质量得到大幅提高,保障了公司的财产生命安全。

每套监控设备市面采购需要费用约 5 万元,自行设计加组装并调试成功后的成本约 5000 余元,当前公司安装使用了 20 套便携式监控设备,为公司节约成本 89 万余元,不仅降低了作业隐患、赔付成本及工人重复劳作的时间成本,还极大地提高了港口作业效率和经济效益。

三、成果方案设计

1. 项目意义

(1)传统的监控设备由于监控范围小、解析度低、夜视能力差等问题,已经不能满足港口作业多样化的安全监管需求。该套监控设备安装方便,灵活便携,可适应不同船舶、不同船舱,覆盖范围广。

(2)随着安全信息化发展,相对于传统的安全管理手段,设计出的该套监控设备是利用信息化网络技术及时进行监控提醒,无延迟,极大地提高了时效性(图 2)。

图 2

2. 技术方案

(1)在前期调研船舶舱内监控探头的类型、4G 物联网的适用情况下,通过几款摄像头和物联网卡的对比,最终完成主体设备的搭建。在安装调试过程中发现普通磁铁吸力不足,选用强力磁铁进行更换。对于舱内监控摄像头的供电系统进行改造:蓄电池组由两块铅酸蓄电池组成,提升了电池容量和安全性;使用已用完的防冻液桶进行废物利用,作为电池组的外壳,提高了电池组的防水性；利用插接头的方式连接电池与摄像机，方便人员操作及防止接线错误损坏摄像机；加装防坠绳防止坠落确保绝对安全等特点（图3、图4）。

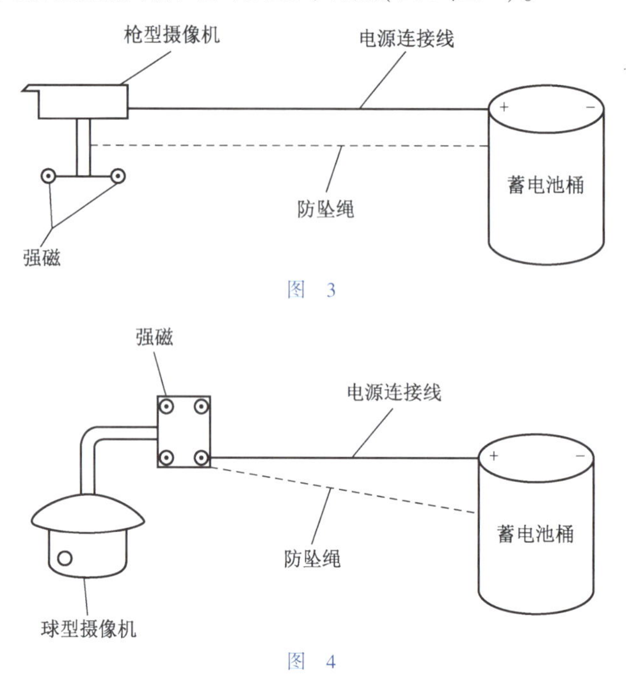

图 3

图 4

（2）进行软件安装调试，维护该套系统的正常运行。整套监控设备可移动便携，方便拆装。监控底部配备强力磁铁，可吸附在船舱上任意位置。视频实时画面和录像画面可通过手机 App 或者 PC 端进行访问查看。也可远程调整球监控机拍摄位置及画面大小。自该套监控设备使用以来，极大地减少了舱内违章作业的发生，确保了舱内人员及机械的作业安全。

四、成果使用方式

鉴于目前船舶舱口使用的良好效果，该监控已经开始推广至其他场景，可用于堆场作业、维修场地等常规监控无法覆盖的地方。便携式监控系统的推广应用，使港口生产在安全监控、调度、远程指挥、紧急情况处理等方面的工作效率和质量得到大幅提高，保障了公司的财产生命安全（图5）。

图 5

顾宁锋劳模创新工作室简介

江苏连云港港口股份有限公司东方港务分公司于2010年成立顾宁锋劳模创新工作室(以下简称“工作室”),2019年被江苏省命名为“省示范性劳模创新工作室”。工作室由全国五一劳动奖章、江苏省劳动模范顾宁锋领衔(图6)。

图 6

工作室紧紧围绕公司安全生产和设备管理开展工作,以“心系东方,科技兴港,以求产出最大化”为创新目标,利用科学技术解决公司生产难题,提高生产效率,完成技术改造和科技进步项目400余项,涉及公司的门座式起重机、斗轮机、装船机、卸船机、卸车机、变电所等电动装卸机械和供配电装置,为公司生产创造了3000余万元的经济效益。工作室先后获得40项国家实用新型专利和20项科技创新,其中,《红土镍矿装卸工艺的研究与实施》获全国交通运输行业设备管理创新成果一等奖;《有色矿灌包机的研究与应用》获中国港口科技进步二等奖;《互联网+特种设备管理平台技术研究》获中国设备管理协会设备管理与技术创新成果一等奖。

工作室在做好科技创新的同时,充分发挥了示范引领效应,为公司其他多个创新工作室的创建起到了带动作用。以专业培训和人才输送为手段,不断扩大人才培养力度和广度,从工作室走出去的人才,将技术技能传承,激发了广大职工的创新热情和创造活力,形成了“部门配合、劳模挂帅、职工参与”的创建体系,提升了工作室品牌“含金量”。工作室不仅是创新工艺、高技能人才的孵化器,更是广大职工提升技能的练兵场。

案例二十五：T50“机翼型”多功能设备吊具成果应用解析

所属单位：江苏连云港港港口股份有限公司东方港务分公司

创新团队：袁宏伟劳模创新工作室

创新成果：T50“机翼型”多功能设备吊具（图1）

图 1

一、研究背景

2022年以来，江苏连云港港港口股份有限公司东方港务分公司59号泊位实现了从作业散货到作业件杂滚装货物的功能性转变，59号泊位有4台40t门式起重机，根据货物特性（部分设备车辆自重为30～50t）及功能性设备现状，墟沟西作业区原有设备吊具负荷只有30t，在适用性以及安全性上已不足以满足生产要求，给此类货物装卸带来了困难。为能够满足新老货种的不同需求，袁宏伟劳模创新工作室经过研究探讨，反复核对参数，设计并制作出了T50“机翼型”多功能设备吊具，以保证大吨位工程机械、车辆设备等货物顺利接卸。

二、成果效益

1. 经济效益

（1）该吊具的设计使得货种的“通用性”及“兼容性”得到了很大程度的提升，解决了不同规格工程机械及车辆作业时频繁更换吊具的难题，提升了作业效率。根据统计，节省的更换吊具时间占总作业时间的20%左右，该吊具2022年共作业各类规格货物共计6000余台，每台平均作业时间约30min，每台作业人工费用、机械费用约600元，使用该设备所作业的货种产生人工及机械费用约360万元，按照节省时间换算，该吊具的投入使用，共计为公司节约费用为72万元。

（2）该设备的成功投入，为市场开发工作提供了有力支撑。据统计，因为该吊具的成功投入，吸引了多家客户共计约2860台货物来港接卸，按照每台接卸费用1200元计算，减去作业成本600元，每台为公司产生经济效益约600元，共计171.6万元。

综上所述，T50“机翼型”多功能设备吊具的研制与应用自投入使用以来，共计产生经济效益243.6万元。

2. 社会效益

该吊具自主创新所占比例为100%，由墟沟西作业区自主设计、自主制作，该项目从立项、制作完成到投入现场使用，用时仅1个月，大大提升了技术人员技术研发、科技创新能力。该吊具的成功应用有效解决了50t以内大件设备、机械、车辆的吊装难题，填补了公司30t以上机械设备专用吊具的空白，为公司打造“滚装件杂货进出口集散中心”这一战略目标做出了突出贡献。

三、成果研制

1. 前期设计

为满足各种车辆、设备的装卸需求，设计出一种符合要求的综合性吊具，同时能够兼顾其他类型的装卸，是解决现有问题的有效方法。

（1）对货物特性进行调研，主要调研货重的类型、结构尺寸以及货物自重，根据货物特性，对该吊具进行选型设计，计划对吊具设计为50t框架式吊具。

（2）从技术层面分析，对该负荷需要使用的框架模式以及适用性和安全性进行分析与测算，对使用的材料进行选型。

（3）经过仔细的吊具受力分析及材料校核计算，吊具本体选用了36c型槽钢作为框架吊具主体材料，吊耳板选用厚度为30mm 16Mn钢板，因此在可调试性以及安全性方面都更有保障。吊具自重3.4t，负荷50t；单个吊点负荷为12.5t，框架吊具整体负荷为50t。

①吊点受力校核计算：

$$\tau = \frac{Q}{F} = \frac{12.5 \times 10^3 \times 9.8}{32 \times 24} = 159.5(\mathrm{MPa}) < [\tau] = 160(\mathrm{MPa})$$

式中：τ——剪应力；

Q——单个吊点受力；

F——吊点受力面积。

②框架梁应力校核计算：

$$\sigma = \frac{K_{不} P_1}{\varphi F} = \frac{1.2 \times 7.21 \times 10^3 \times 9.8}{0.88 \times 68.09 \times 10^2} = 14.1(\mathrm{MPa}) < [\sigma]$$

式中：$K_{不}$——不均衡系数；查表数值为1.2；

P_1——轴向压力；

φ——折减系数，根据长细比查表得出数值为0.88；

F——主梁受力面积。

（4）结合以往的工作经验，工作室团队有丰富的框架类吊具的制作经验，如胶合板吊具、纸浆吊具等。

（5）针对汽车设备的尺寸及吊具外形整体受力分析，对槽钢进行下料焊接，并同时制作吊耳板，焊接于吊具的各吊点。

2. 吊具的优点

（1）该吊具可以配合使用抱胎、钩挂、吊网、钢丝绳等多种混合吊装方式，能够应对多种车辆和工程设备的吊装作业，提高了设备装卸匹配性和装卸效率，可满足不同设备、质量50t以下车型的吊装需求。

（2）该吊具巧妙设计为“机翼型”形式，制作完成的吊具主框架宽2m、长7m、自重3.4t，通过形式上的设计，该吊具的自重及规格大大减少，设计形式更新颖，使用轻便（图2）。

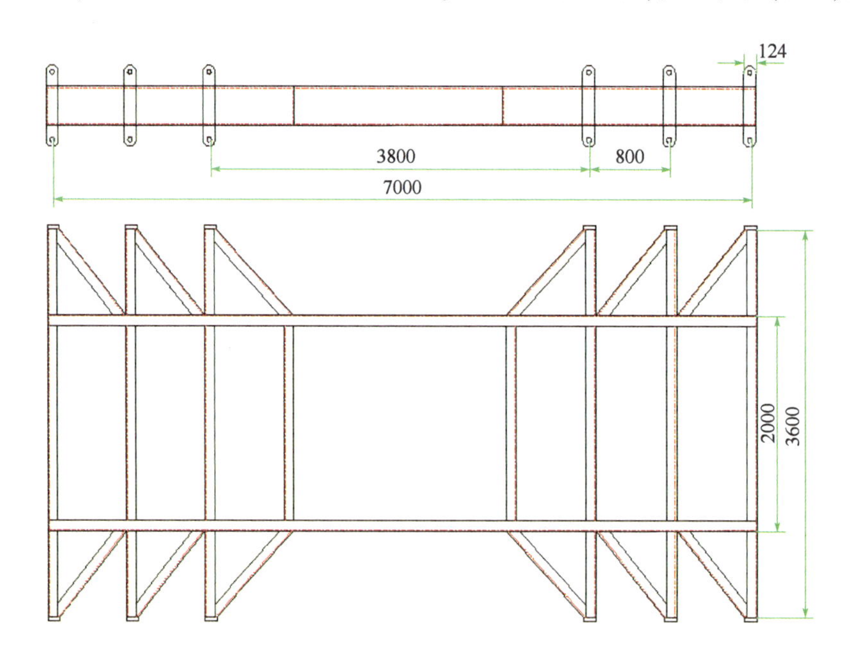

图2　T50“机翼型”多功能设备吊具设计图纸（尺寸单位：mm）

四、成果使用方式

为了提高设备装卸匹配性和装卸效率，满足生产需求，该吊具利用有限空间，设计“机翼型”多排三角结构，结构更加稳定（图3）。通过巧妙排设可以配置3套吊点，根据车辆、机械的不同轴距和吊点可以选择不同的吊点组，上吊点使用钢丝绳和卡环配合与门机吊钩相连接（图4）。与之相应下吊点组可以选用钢丝绳、高强吊带配合抱胎、钩挂、吊网、等多种混合吊装方式起吊50t以内的多种车辆和工程机械，50t“机翼型”多功能吊具能够保证不同规格、不同重量车型和设备的吊装需求，其极高通用性和较大的负荷能够现场生产，省去大量更换吊具的时间，让吊装操作更简便、效率更高、过程更安全。

图 3

a)

b)

图 4

袁宏伟劳模创新工作室简介

江苏连云港港口股份有限公司东方港务分公司袁宏伟劳模创新工作室(以下简称“工作室”)成立于2012年5月,带头人为省劳模袁宏伟,现有成员11名。其中,机械高级工程师1名,电气、机械工程师4名,机械助理工程师4名。经过10余年的发展,工作室在工作内容上实现了工属具创新、机械改造、电气研究等方面的跨界融合,成为一支集技术攻关、培训服务和技能传授等多项技能于一体的综合型技术团队,尤其以工属具的研发应用最为突出。自工作室成立以来,完成技术改造、工艺创新项目160余个,11个成果获国家实用新型专利,在《港口装卸》等刊物上发表论文13篇,累计为公司创造直接经济效益高达2000万元以上。2013年获连云港市示范性劳模创新工作室,2022年获江苏省示范性劳模创新工作室、交通建设产业劳模和工匠人才创新工作室等称号(图5)。

图 5

近年来随着公司转型发展,墟沟西作业区开始往件杂货滚装码头转型,越来越多的新货种不断涌现,各种超大件、超长件层出不穷,工作室始终聚焦装卸工艺第一线,设计新的工属具满足装卸需求。除了传统的吊装工艺外,近年来工作室又将目光放在了流机上,提出了“属具加装实现流机一机多用”这一课题,陆续完成多项工艺改进,这些工属具的加装,拓宽了流机用途,提高了设备利用率,缓解了生产压力。

案例二十六:岸桥大梁安全钩防风装置改进创新成果应用解析

所属单位:厦门集装箱码头集团有限公司

创新团队:冯鸿昌工作室

创新成果:岸桥大梁安全钩防风装置改进

一、研究背景

海天码头岸边集装箱起重机22台,其中大梁防台采用挂钩形式17台,水平防台3台,插销形式2台。在遭遇2016年第14号超强台风“莫兰蒂”,中心风速48m/s,造成岸边起重机大梁挂钩脱钩6台,造成挂钩变形2台;前臂钢丝绳脱槽5台,造成钢丝绳断丝;大梁缓冲装置破损15台。俯仰钢丝绳出现局部断股,挂钩装置变形。台风过后,耗费很大的人力和物力更换俯仰钢丝绳及俯仰挂钩机构修复,影响20艘次船舶靠港,直接经济损失达到100万元。因此,需要设计一种用于岸桥安全钩防脱钩装置,对解决现有问题具有重要意义。

二、成果效益

1. 可靠安全

该装置质量轻,操作简单,保障了操作人员在防台风时的人身安全,解决了台风天大梁挂钩脱钩、钢丝绳脱槽的风险隐患,提高了岸桥安全性和可靠性。

2. 效率提升

该装置设计小巧,总长约70cm,总质量约5kg,携带方便,只需一人操作10min即可完成,相比之前的方案,大大提高了防台效率。

3. 自主研发及高推广度

该装置是经过码头技术人员精心研究计算设计改造的第一例,可在具有相同形式大梁防台的岸桥推广使用。

4. 研发改造成本低

单台投入2000元左右,相比其他方案可节约成本30万元。

三、成果研制

1. 前期方案选择

为了解决岸桥大梁后仰安全隐患，桥吊班组将该项目作为该年度重点攻关项目。初期与生产厂家沟通桥吊大梁挂钩防后仰装置改造，生产厂家给出的方案如下：

（1）制作插销孔箱体并焊接、电动自动插销、增设线路并加装平台，单台造价 20 万元。

（2）制作插销孔箱体并焊接、手动插销并加装平台，单台造价 15 万元。

插销式大梁防台风装置如图 1 所示。

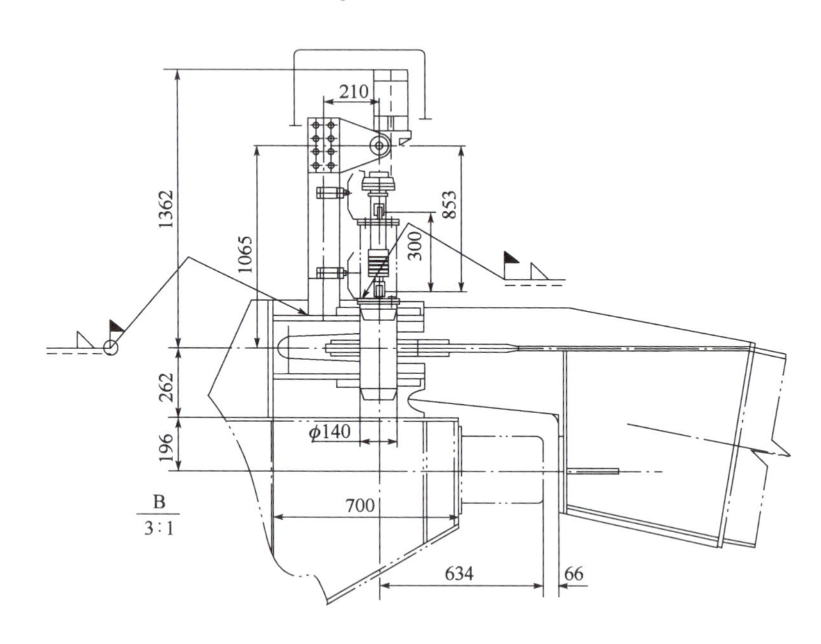

图 1　插销式大梁防台风装置（尺寸单位：mm）

难点：①该集装箱码头大梁防台风采用挂钩形式 17 台，机种多样，空间受限，改造方案的机构给梯形架上方增加 3t 多质量，施工难度大；②集装箱码头作业密集，周期过长，达不到近期防台风预期。

图 2　机械千斤顶固定方式

2. 前期方案

按岸桥设计最大防风等级为 55m/s，大梁挂钩状态最大的迎风面积 150m^2，通过风压计算公式 $WP = V \times V/1600$，估算单边受到风力约 142kN。于是前期利用 16t 机械千斤顶将俯仰挂钩销轴与固定箱体之间顶撑（图 2），此方案解决了台风来袭大梁挂钩后仰产生的安全隐患。

缺点：经过近年来实际操作，16t 机械千斤顶质量（11kg）大、每台需要两个人操作，梯形架平台狭窄，人员须佩戴安全带悬空操作，存在一定人身安全风险；机械千斤顶与本机销轴接触点不足,如受到多方向风力影响,容易产生滑动,每次防台需要占用大量人力,且操作时间长,严重影响防台效率。

3.最终思路及方案实施

通过(螺栓的承载力=强度×有效面积)计算公式,核算多种材质调节丝杆承载力,选用最适合材质Q355B级ϕ30mm调节丝杆,承载力约588kN(图3),远远大于机械千斤顶承载能力。利用材质Q355B级ϕ30mm可伸缩双向调节丝杆进行改装,一边做成U形卡槽卡住筋板,另一边做成半圆弧形卡住销轴,然后通过调节丝杆,将挂钩销轴与筋板之间完全顶死,以防止挂钩后仰。

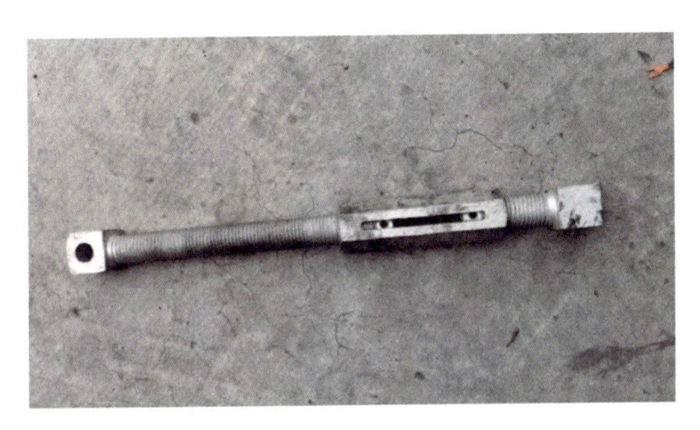

图3　可调节丝杆

四、成果使用方式

使用时,将半圆弧形座和U形卡座放在销轴与筋板之间,并且半圆弧形座和U形卡座分别对应销轴和筋板,转动调节转动套,调节转动套一端内壁的正向内螺纹与第一螺纹丝杆外壁的正向外螺纹螺纹转动,并且调节转动套另一端内壁的反向内螺纹与第二螺纹丝杆外壁的反向外螺纹螺纹转动,从而实现第一螺纹丝杆和第二螺纹丝杆之间的距离变大,使半圆弧形座和U形卡座分别挤压销轴和筋板,将挂钩销轴与筋板之间完全顶死,以防止挂钩后仰,从而提高安全钩防脱钩的抗风性能,然后转动第一固定螺母和第二固定螺母对调节转动套进行固定,并且将防掉落绳穿过第二贯穿孔,与安全钩进行捆绑固定,避免整体掉落,提高安全性。防风装置成品图、示意图和使用完成效果如图4～图6所示。

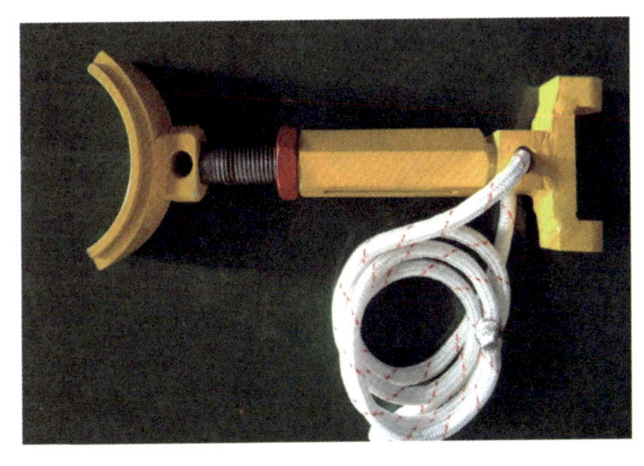

图4　防风装置成品图

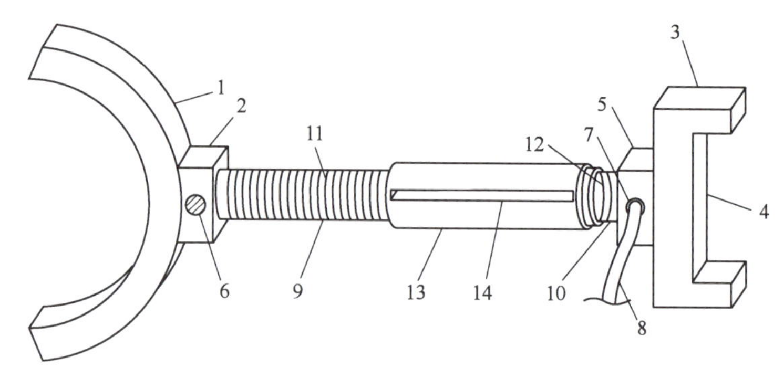

图5　防风装置示意图

1-半圆弧形座;2-第一连接座;3-U形卡座;4-U形卡槽;5-第二连接座;6-第一贯穿孔;7-第二贯穿孔;8-防掉落绳;9-第一螺纹丝杆;10-第二螺纹丝杆;11-正向外螺纹;12-反向外螺纹;13-调节转动套;14-贯穿槽

图6　防风装置效果图

冯鸿昌工作室简介

冯鸿昌工作室（以下简称“工作室”）是以十三届、十四届全国人大代表、党的十八大代表、全国劳动模范、中华技能大奖获得者、享受国务院政府特殊津贴的高技能人才冯鸿昌同志名字命名的工作室。工作室于2012年8月成立，团队成员由优秀党员、劳动模范、技能大师、技术状元、青年岗位能手等59名职工组成，是一支充满朝气活力、经验丰富、技术精湛、创新能力强的高技能人才队伍。工作室先后被授予国家级技能大师工作室、全国示范性劳模和工匠人才创新工作室、中国企业培训创新成果金奖等称号（图7）。

图 7

工作室立足于厦门港，以培养高技能人才的摇篮，培养青年骨干的孵化器为目标，以拓展党代表联系党员群众的平台、强化技术培训与“双培养”的平台、实施企业技术攻关与创新的平台、推动技术成果展示与转化的平台、开展远程技术支持与服务的平台等“五个平台”为功能定位，大力弘扬劳模精神、工匠精神，发挥优秀党建品牌的宣传推广和示范引领作用，实现创新引领、技能传承和人才培养。

工作室紧密跟进绿色、智能两大未来港口技术发展方向，强化技术攻关和技术探索，积极投入智能化码头、油改电、船舶岸电等技术革新改造项目，完成海天码头龙门式起重机智能化堆叠技术、岸桥大梁安全钩防风装置改进等技术革新项目777项，其中45项技术革新项目获省、市职工优秀技术成果二、三等奖，获得国家专利认证的发明专利3项，实用新型专利41项，计算机软件著作权专利18项。技术革新项目每年为公司带来直接经济效益近千万元，调动了员工的创新热情，推动了公司的创新发展。

案例二十七：快换式新型防尘漏斗创新成果应用解析

所属单位：厦门海隆码头有限公司

创新团队：刘远和职工技术创新工作室

创新成果：快换式新型防尘漏斗

一、研究背景

随着社会文明的进步、时代的发展，人们越来越重视环保问题和自身的身心健康。随着散粮系统工艺流程逐渐完善，散粮进仓产生的粉尘基本上都被散粮系统中的除尘器所吸附、处理，因此在散粮系统工艺流程中，最大的环保问题就是溜管发放物料时产生的粉尘。长期接触生产性粉尘的作业人员，当吸入粉尘达到一定数量时，就会引发鼻炎、咽炎、支气管炎、皮炎等，甚至引发尘肺病，这些都属于粉尘职业病。因此，解决散粮系统发放溜管处的粉尘，不仅是环保担当，更是消除职工职业病的福音。在散粮流程中，发放溜管的抑尘效果将决定一个码头在作业时的外在形象及生产作业环境是否达到环保要求。

当前，国家日益重视环保，政策层面对于环保行业的支持力度将持续加强，建设绿色、低碳港口已是每个码头的重要任务。为打造绿色、低碳码头，消除职工职业病危害，厦门海隆码头有限公司立足于一线生产工作者，根据散粮流程现状，结合现场生产实际，自主创新研制了一种快换式新型防尘漏斗，为港口绿色发展做出了贡献。

二、成果效益

快换式新型防尘漏斗荣获2022年国家实用新型专利，该漏斗不仅设计结构简单，而且与市场上的抑尘漏斗相比，制作成本低。市场上常见的抑尘漏斗，一个漏斗大约8万元，公司如果将所有的发放溜管（共计59个发放溜管）均安装市场上常见的抑尘漏斗，大概需要花费472万元，而安装快换式新型防尘漏斗则只需要45万元，不仅可以节约427万元物资费用，而且每年度可节省大约3万元的劳务清扫费用。更重要的是该漏斗不涉及电控设备，通过物料自身的运动形成与“负压”一致的效果，完全符合密闭空间作业的防爆要求。安装快换式防尘漏斗不仅仅是港口生产作业的环保要求，更是对一线生产工作者生命健康的保障。

三、成果研制

由于早期设计有时代局限性，发放溜管口并无抑尘装置，装车作业时产生的扬尘严重，且发放溜管口离装车车厢高度最高达400mm，根本无法安装市面上的防尘漏斗。

刘远和职工技术创新工作室团队针对公司散粮流程发放溜管的现状，经过现场调研分析讨论，摒弃了以往将防尘漏斗安装在发放溜管尾部的传统安装方式，而是将抑尘装置直接封装在发放溜管的最后一节内部，从根本上解决了公司安装抑尘漏斗空间上的最大难点。团队通过对市面上防尘漏斗内部结构的研究，通过多次内部的思路研讨，最终研发出了一种快换式新型防尘漏斗[图1a)]。该防尘漏斗由输送管、漏斗本体、封盖、导流组件、安装板、防静电机构组成[图1b)]。

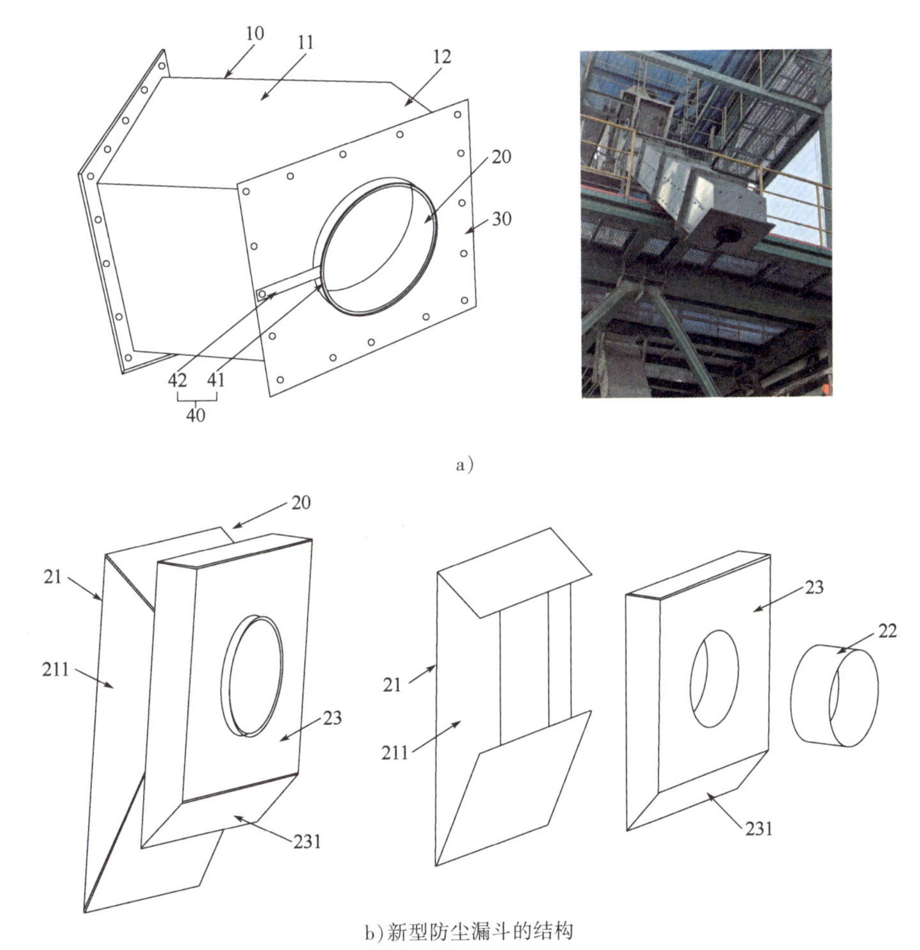

a)

b)新型防尘漏斗的结构

图1　快换式新型防尘漏斗外观及结构

10-输送管；11-直管；12-弯折管 20-漏斗本体；30-封盖；21-导流组件；211-导流板；22-导向管；23-安装板；231-导向角；40-防静电机构；41-橡胶套；42-导条；

当物料流经发放溜管至新型防尘漏斗时，快换式新型防尘漏斗物料导流组件将溜管中的物料汇集于漏斗口，抵消物料下溜的冲击力，形成涡流，产生与“负压”一致的效果，最后物料通过斗口时自由落体，形成束状结构，防止物料四散形成大量扬尘，进而起到防尘的作用。

在快换式新型防尘漏斗整体结构确认下来后，对新型防尘漏洞最主要的参数：防尘漏斗斗口直径及斗口数量，根据实际装车作业中通过比较得出结论（表1、表2）。

快换式新型防尘漏斗斗口数量的比较

表1

斗口数量	单口	双口
结果	未发现物料堵住的情况	物料在壳子多的情况下会堵住斗口

快换式新型防尘漏斗斗口直径的比较

表2

斗口直径(cm)	25	27	28
流量(t/h)	190	240	285
结果	物料形成束状，抑尘效果良好，装车时间偏慢	物料形成束状，抑尘效果良好，装车时间合适	物料无法形成束状，抑尘效果较差，装车时间较快

最终确认快换式新型防尘漏斗的斗口数量为单口，斗口的直径为27cm。

四、使用情况

将快换式新型防尘漏洞应用到厦门海隆码头散粮流程发放溜管后，让散粮流程发放溜管在装车生产作业时的扬尘“尘埃落定”，成功地解决了散粮流程装车发运生产过程扬尘超标的难题，有效降低了粉尘污染物的排放，为港口绿色发展做出了贡献。安装快换式新型防尘漏斗前后效果对比如图2、图3所示。

图2　未安装快换式新型防尘漏斗前

图3　安装快换式新型防尘漏斗后

五、成果推广

快换式新型防尘漏斗的产生是每个散粮码头职工所期盼的。它不仅让粉尘“尘埃落定”，实现了港口绿色生产，而且从生产源头上消除职业病的隐患。快换式新型防尘漏斗整体结构简单，内部无运动部件，无须水电及压缩，更无须复杂的操作及电控设备，单品造价低，可用于散粮流程发放溜管、皮带机等设备上大力推广。

刘远和职工技术创新工作室简介

厦门海隆码头有限公司刘远和职工技术创新工作室（以下简称“工作室”）是以刘远和高级技师为主导，以有一定理论水平、工作经验和创新能力的高技能党员骨干及现场技术人员为核心成员而创建的工作室，并于2022年11月11日顺利通过厦门市总工会验收，授牌命名为“刘远和职工技术创新工作室”（图4）。

图 4

工作室现有成员17人，其中党员9人。工作室团队以“创新赋能 助力发展”为核心，立足一线党员骨干专业技能创新提升，充分发挥不同专业、不同岗位技术技能人才的自身优势，将理论研究和工作实践相结合，不断攻坚克难、认真实践，围绕降低成本、节能减排、技术改造、技术革新、安全生产等主题进行技术攻关、改造创新。截至目前，该工作室已经完成“海隆港区粮食筒仓发放溜管抑尘改造”“国贸码头A、B库照明系统改造”“轮胎吊变幅制动控制系统改造”“40t门机起升制动器改造”等10余个大型技改项目，获得国家专利认证的发明专利3项，为企业创造直接经济效益200万左右，解决了码头生产、设施设备、作业工艺流程等的技术发展瓶颈，为公司提高效率、提升效能、提增效益，在节约成本、港口绿色发展、提升服务质量等多方面做出了突出贡献。